Power of Error

AI時代に幸せになる子のすごいプログラミング教育

エラーする力

プログラミング教室スモールトレイン代表
福井俊保

自由国民社

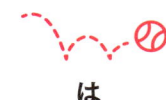

はじめに

「今後、10~20年の間に、米国の総雇用者の約47%の仕事が自動化される」

そんなニュースを聞いたことはないでしょうか。

今の仕事がなくなるといわれる原因の多くは、コンピュータの進化に基づきます。特にAIの進化は、これまで人間にしかできないと言われていた仕事を次々に自動化する可能性があります。

もっといえば、AIが人間の能力を超える「シンギュラリティ」が起こるという議論も盛んになされています。そんな話を聞いて、「映画のターミネーターの世界が実現されるのでは?」と心配している識者もいます。

実際に人工知能の発達は、目覚ましいものがあります。

皆さんも、アルファ碁という人工知能の名前を聞いたことがあるかと思います。

２０１７年5月27日に、ＡＩは世界で最も強い棋士である柯潔《かけつ》を破りました。しかもＡＩは3戦全勝。囲碁の世界は最も困難なゲームだといわれており、人間に勝つにはまだ時間がかかるといわれていた中での完全勝利でした。

このように、アルファ碁が目覚ましい進化をした理由は深層強化学習によるものです。人間では不可能な数の対局を人工知能同士で行い、最適な一手を学習し続けました。将棋の世界では、すでにＡＩが人間に負けることはありません。逆に人間が人工知能の一手を研究して、自分の指し方に取り入れるようになっています。

例えば29連勝を達成した藤井聡太七段は、人工知能で棋譜を分析して自分の指し手に生かしているといいます。

13連勝目で敗れた千田翔太六段（当時）は、「藤井四段（当時）の指し手にはかなりの程度、ＡＩの影響がみられる。その強さは、もともとの棋力の高さに加え、ＡＩの有効活用にあるのではないか」と述べていますので、こうした人工知能の活用は対局において有効であるということが分かります。

人工知能の進化に伴い、国も2020年からの学習指導要領の改訂を行って、プログラミング教育を小学校で必修化すると発表しました。

そのプログラミング教育の在り方としては、「子どもたちに、コンピュータに意図した処理を行うように指示することができるということを体験させながら、将来どのような職業に就くとしても、時代を超えて普遍的に求められる力としての『プログラミング的思考』などを育成するもの」としています。

あくまでも必修化ですので、成績は付きませんが、今後プログラミングを学ぶ機会は増えてきます。

今、小学生以下のお子様をお持ちの方は、こうした話を聞いて不安になる方もいるかもしれません。

「うちの子は大丈夫だろうか」

「将来、しっかりと生きていくことができるだろうか」

「プログラミングなんてできるのだろうか」

私も二人の男の子を育てていますので、よく分かります。ＡＩに使われる子ではなく、ＡＩを使いこなせる子になってほしい。それが、保護者の方の切実な願いです。

では、どうしたらいいのでしょうか。

すぐに考えられるのは、**ＡＩにできないことができる子になる**ことです。野村総合研究所との共同研究を行った英オックスフォード大学のオズボーン氏は、「自動化しやすい仕事としにくい仕事の違いは、『クリエイティビティ（創造性）』と『ソーシャルインテリジェンス（社会的知性）』の２つの要素を含んでいるかどうかだ」と述べています。

「クリエイティビティ（創造性）」については説明はいらないと思いますが、「ソーシャルインテリジェンス（社会的知性）」という言葉は馴染みが薄いと思います。簡単に解説しますと、人間が社会生活を営むために必要な能力のことを指し、「場の空気を読む力」とも訳されます。

この力も人間同士の関係が問題になりますので、人工知能が理解するのには難しいといえます。

具体的には、国立情報学研究所の新井紀子教授の説明がしっくりきますので紹介します。

「銀行の窓口には色々な人が来ます。中には、自分がどういうつもりで来たのかもよく分からない人さえいます。しかも一期一会です。そこで求められることは、最適化でも、分類作業でも、検索作業でもありません。来た人はこういうことを言っているのではないかと考えながら、ソリューションを提供することです。これはまさにドラえもんの世界で、今のところ、ロボットでできる見込みがまったくない」（『ＡＩ　Ｖ Ｓ．教科書が読めない子どもたち』）

こうした議論が盛んになっているため、人工知能にできないことをできるようになろうという話が出てきています。

２０２０年から大学入試も変わり、記述式問題が出題されたり、記号問題も複数選ぶ問題が出題されたりする予定であり、より思考力・判断力・表現力を重視した問題になります。「クリエイティブ」だけでなく、思考力・判断力・表現力で人工知能ができない能力を獲得しようとしています。

では「クリエイティブな人間」や「思考力・判断力・表現力がある人間」は、どうすれば育つのでしょうか。

日本では「クリエイティブな人間」は天才だと思われ、自分たちとは異質な人間だと思われがちです。また、「思考力・判断力・表現力がある人間」はそもそも「頭が良い子」と言われることが少なくありません。

しかし、**「クリエイティブな人間」や「思考力・判断力・表現力がある人間」は育てることができる**のです。

そして、**そのために必要なのは「エラー（＝失敗）する力」を育てること**です。

「エラーする力」と聞いて、ほとんどの人は「何それ？」と思うのではないでしょうか。「クリエイティブになぜエラーする力が必要なの？」とか「思考力・判断力・表現力と失敗がどうつながるの？」と思うはずです。

しかし実際には、ビジネスで大成功した人を中心に「クリエイティブな人間」や「思考力・判断力・表現力がある人間」は多くの失敗をしており、そこから学んでいます。その失敗が新しいものを生み出し、成功につながるというケースが多いのです。

例えばベンチャーキャピタリストとして働いていたピーター・シムズは、「『ほとんどの成功した起業家はすばらしいアイデアを発見してから起業したわけではない』ことを知った」と言い、グーグルも事業を展開している間に「アイデア」を発見したとしています。

その中には無数の失敗があり、そのうえで成功に導かれるというのです。

つまり、**成功者とは、「エラーする力」がある人たちの集まりだといえる**のです。

このように書くと、どんどん失敗すればよいのかと考える人が出てきます。

例えば、何も勉強せずにテストは白紙。それで「失敗した」というのは「エラーする力」があるとはいえません。

「エラーする力」とは、努力や挑戦をして失敗しても諦めない力のことです。

そのために必要なのは、何にでも興味を持つ「好奇心」、自分ならできるという「自負心」、失敗してもあきらめない「忍耐力」、そして失敗してもすぐに次の挑戦ができるという「回復力」です。

これら4つの力を鍛えることで「エラーする力」が身についていきます。

では、具体的に何をすれば4つの力が身につくのでしょうか。

それは、**プログラミング教育**です。

なぜプログラミング教育が「エラーする力」を育てることにつながるかというと、プログラミングには、「好奇心」「自負心」「忍耐力」「回復力」を育てる要素が含まれているからです。

プログラミングそのものがよく分からなくても、私たちが実際にプログラミング教室で行っている内容を通して、プログラミング教育でなぜ4つの力が身につくのかわかっていただけるはずです。

この本では、これからのＡＩ時代を生き抜くために「エラーする力」を身につけ、ＡＩを使いこなせる子どもの育て方をお伝えしていきます。

目次

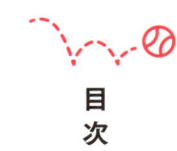

3章 「エラーする力」が自動的に身につくプログラミング教育

4章 AI時代に幸せになる子が通う、すごいプログラミング教室

Power of Error

1章

AIに負けないための「使える知識」の身につけ方

Power of Error

00

「エラーする力」は、AIにはない人間だけが持つ能力

「エラーする力」とは努力や挑戦をした上で、たとえ失敗しても諦めないで挑戦し続ける力のことです。

この「エラーする力」は子どもの時に鍛えるべきものであり、その力を持っていれば、その後の人生で成功する可能性が高くなります。

逆にルールが決まっていれば失敗しないコンピュータと比較すると、失敗することこそ人間の能力だともいえます。

この章ではコンピュータの得意分野と「エラーする力」の重要性、「エラーする力」を身につけるために必要な４つのことを説明します。

01

「使える知識」を身につけるために必要なこと

学校の勉強には、どの教科にも知識問題があります。

知識問題は、知っているか知らないかで点数に差がつきます。

例えば漢字。漢字を覚えていなければ、漢字テストの点数は取れません。

確かに漢字は知らないよりも知っている方が良いのですが、漢字を覚えることが国語ではないのです。

それでも漢字を覚えなければならない理由は何か？

入試に出るからです。

入試では漢字が読めるだけではなく、正確に書くことができなければなりません。

とめはねまでかなり厳しく見る学校もあるため、塾や学校でも漢字はしっかりと書けるようになりなさいと指導します。

しかし、漢字を覚えるための学習方法が問題なのです。

小学生の頃、漢字を10回練習してきなさい、という宿題を出されたことがあると思います。

こちらの宿題は正確には、「漢字を覚えるまで10回書きなさい」なのですが、それが10回書くことだけが目的になります。結果、10回書いて終わりになってしまいます。

しかし、**漢字を練習する目的は「覚えること」**です。回数ではありません。

たとえ10回書いても、覚えられなければ15回でも20回でも書く必要があるのです。

では、どうすれば、少ない練習で覚えられるようになるのか?

大切なのは、興味を持って勉強することです。

子どもたちも大人と同様、ただ単純に漢字を覚えるのでは興味がわきません。

そのため、漢字の成り立ちやこの熟語の意味などに興味を持ってもらうことが大切です。

例えば、漢字の「取」は、なぜ「耳」がつくのでしょう。

「取る」ことと「耳」は、関係ないように見えます。

しかし、漢字の成り立ちを調べると、なぜ「耳」がつくのか分かります。

日本では敵の武将の首を取りますが、中国では耳を取って集めていました。そのため「耳」がつくのです。

こうした成り立ちを知ることで、子どもたちは漢字に興味を持ちます。

漢字の成り立ちを知る以外にも、漢字の例文を書かせて文として覚えていくというやり方もあります。

しかし、漢字を暗記していても、それを自分で使えるようにならなければ、意味がありません。

単純に暗記するのではなく、文として使える知識にしてあげなければなりません。

一方、理科や社会も暗記が多い科目です。

こちらも、必要な知識を覚えていかなければ点数は取れません。

しかし、こうした暗記分野は、人工知能もまた得意とする分野です。

この領域で、人間が人工知能に勝つことはできません。

そのため、知識をただ覚えるだけでなく、「なぜそうなのか」という理由を理解する必要があります。

また、ただ言葉を暗記するだけでは入試問題を解くことはできません。

よく一問一答の問題で、答えだけを暗記する子どもがいます。

例えば次のような問題です。

徳川家康が徳川幕府を開いたのは何年ですか。

答えは1603年なのですが、1603年と暗記しても点数は取れません。「1603年に開かれた幕府は何？」「1603年に幕府を開いたのは誰？」という問題に変換されてしまうからです。

そこで私は、問題文も一緒に覚えることを推奨しています。そうすることで、「1603年」「徳川家康」「徳川幕府」というキーワードがしっかりと結びついていきます。

ただ単に言葉を覚えるのではなく、文として覚えていくことで使える知識になっていくのです。

また、一問一答の問題を宿題として出すと、ほとんどを×にして赤で直して提出する子どもがいます。

宿題をこなすことそのものが目的になっていますから、とにかく赤で答えを書いてきます。確かに宿題の範囲は終わっています。

しかし、ただ赤で書いただけで覚えていないのですから意味はないのです。

少なくとも、一回その範囲の勉強をしてから一問一答の問題を解くことが大事です。

そうすることで、理解度は大きく変わります。


算数も暗記が推奨されることがあります。

確かに受験ということを考えた場合、パターンを考えて覚えていくやり方は有効です。

ただしパターン暗記は、問題のパターンが変わると答えられないというマイナス面があります。

また暗記に頼るため、問題を解く際に考えるのではなく、一生懸命思い出そうとすることになります。結局、なぜその答えになるのか理解していないため、忘れてしまうと答えられないのです。

問題を解く際には、なぜそのように解くのかを理解することが重要です。

たとえこうした暗記算数で受験に受かったとしても、その先の勉強では通じません。

コンピュータは暗記が得意なわけですから、人間は単に覚えるだけでなく、覚えるプロセスを楽しみながら使える知識を身につけていくことが大切です。

02

スピードではＡＩには勝てない。人間はじっくり考えて答えを出せばいい

一般的に計算は、速く解けることが素晴らしいとされています。

なぜなら、時間内にいかに多くの問題を解くかが問われる入試では、スピードは大変重要な要素だからです。

そのため、子どもたちは計算スピードを上げるために毎日練習します。

しかし、**スピードでいえば、人間がＡＩに勝つことはできません。**

逆にスピードを追求するあまり、問題文をしっかり読んでいないとか、字が汚くて何が書いてあるのか分からないなど、別の問題も生じてきます。

例えばものすごいスピードで問題を解いていても、不正解や問題文の読み間違いが

多く、×ばかりというケースがあります。

落ち着いて解いてみると正解にたどり着くことができるのですが、速くやることが目的になっているため、ゆっくり考えることをしません。

しかし、実際にはひとつの問題をじっくりと考えて解くという時間は、とても重要です。

時間が速いから素晴らしいというわけではなく、むしろたくさん時間をかけて考えた方が素晴らしいことが多いのです。

例えば、徒歩で駅まで行くのと自動車で駅まで行くのとでは、どう違うでしょうか。

この違いはかかる時間が違うだけではありません。

同じ景色を見ているはずなのに、見えるものが違います。

徒歩で見えた花の色が、自動車では見えません。

徒歩で移動したことで見える景色は、自動車とは違うのです。

勉強も同じです。

これからの時代、速いから良いということではなくなります。徒歩で景色を楽しむことができるように、勉強もまた自分のペースで進む方がより気づきがあります。

コンピュータは速さと正確さで人間よりも優れているわけですから、人間はゆっくり考えて結論を出すことを大切にすべきです。

Power of Error

03

問題を間違える子どもの方が、AIを使いこなせるようになる？

学校や塾ではテストで点数をつける必要がありますし、成績表もつけなければなりません。

そのため、テストをすれば○か×が必ずつきます。○と×がつくことそのものが悪いわけではありませんが、問題なのは○が多い方が良いと考えることです。

確かに○が多ければ点数が高くなるわけですから、一般的には良いとされます。

しかし、本当に考えなければならないのは、この答えは「なぜ○なのか」「なぜ×なのか」なのかということです。

○に理由はないと思うかもしれませんが、「先生がこうしなさいと言ったから」「適当に考えた」以上の理由が出てこないケースも少なくありません。

×についても同様です。「なぜ×なのか」を考える必要があります。

むしろ、**×が多い方が「なぜ×なのか」を考える機会ができるため、良い場合もある**のです。

しかし、○の方が良いと思っている方が多いので、次のようなやり取りが子どもたちの間でなされます。

おそらく教育に関わっている方だけではなく、お子様をお持ちの方なら一度は経験したことがあるはずです。

〈国語の記述問題〉

生徒：「記述問題、書きました!!」
先生：「うーん、これだと10点中5点だね」
生徒：「えー、いいじゃん○で」
先生：「そういうわけにはいかないよね。足りない部分があるから」
生徒：「じゃあ6点にしてよ」
先生：「……」

これは、何ができていないのかを考えるのではなく、点数を上げることが目的になっているのです。

教育現場にいると、子どもからの「○でいいじゃん」という言葉は何度も出てきます。

中には宿題の答えをすべて丸写ししてくる生徒もいて、それで○ということもあります。

このような勉強の仕方をしていると、なぜその答えになるのかを説明できません。答えだけを写して、解説も読んでいないから当たり前です。

子どもたちには、分からないところを一生懸命に理解することの大切さを学んでほしいのです。

他にもこんな例があります。これも実に多いケースです。

〈国語の記号選択問題〉

生徒：「先生できました!!」

先生：「これは×だね。よく考えてから持ってきて」

（1分後）
生徒：「先生直しました!!」
先生：「本当に考えたの？」
生徒：「考えました!!」
先生：「じゃあなんで、この答えになったの？」
生徒：「ちょっと待ってください、今から探します」
先生：「……」

これは、よくある「〇になればラッキー作戦」です。

学校や塾でもこうしたやり方を、改善しようと試みていますが、なかなか上手くいきません。「〇だからいいじゃん」という子どもは、とても多いのです。

算数の授業でも同じです。問題を解いてもらうとすぐに答えを導き出せる子どもは多いのですが、なぜそうなるのかを説明してもらおうとすると説明できないことがよくあります。

つまり、何となく答えが出せる状態になっています。

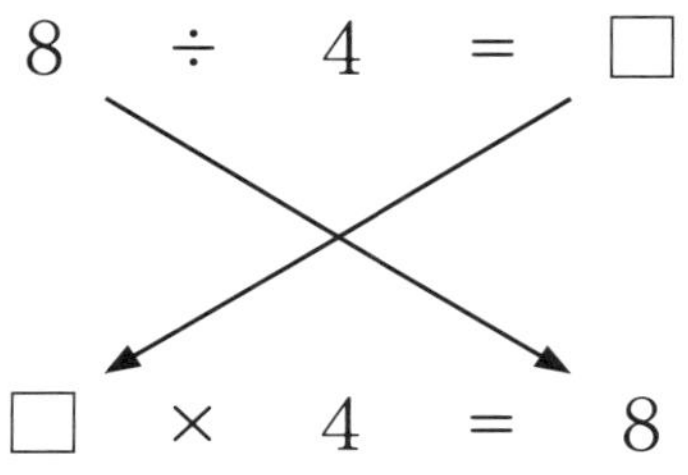

例えば小学生に「割り算とは何ですか」と聞くと「掛け算の逆です」という答えが返ってきます。確かに小学校では割り算の計算を掛け算で求める方法を教えています。

このやり方で答えは出ますが、割り算そのものが何かが分かっていないため、文章題になると、どうしたら良いのか分からなくなります。

文章題と言っても本当に単純な問題で、「10個のあめを5人に配るとひとり何個ですか」という問題です。

割り算だけの問題の場合、大きい数を小さい数で割ると覚えていますので、「10÷5＝2」と答えられる子が多いのですが、掛け算も出題されている文章題だと、「これは掛け算？　それとも割り算？」と聞いてきます。

ひっ算でも同様のことが起きていて、「これは繰り上がりがあるひっ算？　それともないひっ算？」と聞かれます。繰り上がりがあるかどうかは、計算していけば分かります。

勉強では答えが出るようになることよりも、「なぜそうなるのか」を理解することが重要なのです。

また、他の人よりも速いか遅いかという比較に意味はありません。

もちろん社会人になると、仕事が速い方が良いのは確かです。仕事が速い方が、効率が良いと思われるからです。

しかし、教育においては違います。

「なぜ」を考えるのが、教育では最も重要なのです。

また、こうしたやり取りが行われるのは小学生だけではありません。

以前、ある先生に聞いた話ですが、大学院生に正答した問題について、「これはなぜ○なのか」と聞いたところ、きょとんとしていたそうです。

確かに「なぜ○か」と聞かれたら、とっさに答えられないかもしれませんが、相手は大学院生なのですからそこは理由を答えてほしいものです。

他にも大学生に「これはどういう意味ですか？」と聞くと「本に書いてありました」と答えることがあります。

確かに本に書いてあったのかもしれませんが、それが本当に正しいのかどうかは分かりません。

また、最近多いのが「ネットに書いてありました」というもの。

これも確かにネットには書いてあったかもしれませんが、それが正しいかどうかは分かりません。

あるお医者さんはネット情報の方が間違っているのに、患者さんに「ネットで書いてあることと違う」と言われたことがあるそうです。

問題の答えをきちんと理解するためには、「なぜ」を常に考える必要があります。そして、そうした機会は×になった方が多くやってきます。

したがって、**答えを間違うことは、正しく理解するチャンスができたのですから、とても良いこと**なのです。

04

ただ失敗をすればいいものではない。「エラーする力」を養うということがカギ

「失敗はとても大切だ」という話は、最近いろいろなところでなされています。

私自身も子育てをするようになってから、よく耳にするようになりました。

もともと大学院でいろいろな子育て本を読んでみる機会がありました。すると、失敗をすべきという主張をしている本はとても多く、「なるほど」と思わせるものがたくさんありました。

中でも西野博之さんの本は、心に響きますので、みなさんにもご紹介します。

こどもたちが失敗して
自分たちの気づきの中で
手に入れていけばいいことを、

親がどんどん先回りして
危険を取り除いてしまう。
そんな、先回り文化では
自分で気づいて自分で判断する力が育たない。

つくづく思うのは
こどもにとって
失敗は最良の経験だということ。
失敗はかわいそうなことじゃないよ。
今失敗しないで、いつ失敗するの。
命や人生にかかわるような
危険から身を守る力は
安心して失敗できる
そんな環境から生まれる。

（『7歳までのお守りBOOK』ジャパンマニスト社）

失敗は、幼児期だけに必要なことではありません。

小学生になってからも必要なことです。

もちろん受験塾に入ったら受験に合格することが目的なわけですから、合格＝成功に導くことを優先すべきです。

しかし、そこに至るまでには「失敗（＝エラー）＝間違い」はたくさんした方が成長します。

結果、それが将来の成功につながっていきます。

ところが、小学生になると失敗を極端に恐れる子どもが出てきます。

これまで好きに作ってよかったものが、正しく作る必要性が出てくるからです。

小学校に上がると、正しくできなければ失敗であり、「これではダメ」と思ってしまうようになるからです。

特に勉強という場で○になるかどうかが重要になってくると、「○でなければダメ」となります。

プログラミングの現場でも、小学校一年生の最初のころは間違えてもチャレンジしていたのに、急に正解をしなければダメだと考えるようになり、まず先生に聞くようになる子どももいます。本来であれば、小学生はもっと失敗した方がいいのです。

また、大人になってからも失敗は大切です。

成功した人は失敗を繰り返した結果、成功を手に入れています。

例えば2002年にノーベル化学賞を受賞した田中耕一さんを覚えているでしょうか。会社員がノーベル賞を受賞したということで、大変話題になりました。

田中さんがノーベル賞を受賞した発明は、失敗から生まれています。

当時、田中さんはタンパク質の重さを量るために、タンパク質をイオン化する方法を探っていました。

あるとき、誤って別の実験で使うはずの粉末をそこに混ぜてしまったのですが、そのまま実験を継続したところ、タンパク質をイオン化することに成功したのです。

宇宙物理学者・マリオ・リヴィオは、著書『偉大なる失敗〜天才科学者たちはどう間違えたか』の中で、アインシュタインの失敗について次のように述べています。

「アインシュタインのオリジナルの論文の20パーセント以上には、何らかの間違いが含まれている。途中で何度も間違いを犯しても、最終結果はやはり正しいというケースもいくつかある。多くの場合、これこそ真に偉大な理論家の特徴と言えよう」

さらに「過ちを犯したにもかかわらず、いや、もしかすると犯したからこそ、各々の科学分野の中で確信を巻き起こしただけでなく、非常に優れた知的創造物を生み出してきた」とも述べています。

失敗は成功につながる道標になるわけで、失敗せずに成功した科学者はいません。

さらに失敗の重要性は、科学の分野だけにとどまりません。

例えばFacebookの創業者であるマーク・ザッカーバーグは、失敗について次のように述べています。

「長年にわたり、私は皆さんが想像できる限りほぼすべての失敗を経験してきた。多くの技術的なミスや割に合わない取り引きをした。信用すべきでない人たちを信用し、才能ある人たちをふさわしくないポストに就けた。重要なトレンドを見落としたり、乗り遅れたりすることもあった。相次いで製品を送り出しては、失敗を重ねた」

こうした失敗を経て、Facebookは世界的な大企業へと成長しました。

その他、アマゾンの創立者でCEOのジェフ・ベゾスも「われわれはクールなイノベーションだと思って提供するんだが、顧客は見向きもしない」と述べています。ビジネスの世界では「自分が売りたい」と思うものと「顧客が買いたい」と思うものの間にギャップがあるものです。

そのギャップを埋めるには、失敗をして修正していくこと以外ありません。事前にいくら考えても「失敗しないプラン」などというものは存在しないのです。

ビジネス用語でも「プランB」という言葉があります。「プランB」とは次善策という意味で、「プランA」がダメだった時に用意しておく策のことです。

実は先ほど例に挙げたアマゾンも数々の失敗を経験し、「プランB」で成功しているものが多くあるのです。

日本のモノづくりの世界でも、失敗を重要だととらえている会社があります。トヨタ自動車です。

トヨタの現場では、問題やトラブルをよりよいモノづくりをするための「改善の機会」ととらえています。

一般にいわれる「失敗」も、トヨタにとっては、誰かが責任をとることを強いられる取り返しのつかない過ちではありません。

トヨタの現場で働く人たちにとって「失敗」とは、改善へとつなげるチャンスであり、成果に結びつける「宝の山」です。

失敗することは、新しいことを生み出すチャンスになるとトヨタは考えます。

こうした考えが、現場にまで浸透しているのがトヨタ自動車の強さです。

トヨタ自動車では、問題や失敗がないというのは、それらが隠されているという前提で動きます。

確かに新しいことを始める時に、問題がないことはほとんどありません。

問題がない場合は、どこかに問題が隠れているか、問題があるのに誰かによって隠されている可能性が高いのです。それが、後々大問題となって会社に降りかかってくることも少なくありません。

このように、失敗は成功するための大変重要な要素です。

失敗は悪いことではなく、むしろ素晴らしいことなのです。

成功する人は、1000回失敗しても1000回しか失敗していないと考える人たちです。

みなさんご存知のイチロー選手でさえ通算で4割を打つことはできませんでした。6~7割はヒットを打つことに失敗しているのです。しかし、そこから学んでいるのがイチロー選手の凄さです。

ただ、やみくもに失敗すればいいのかというと、そうではありません。

「エラーする力」が必要なのです。ここが、成功に結びつくポイントです。

「エラーする力」については、後ほど詳しく説明しますが、「エラーする力」を育てるには、ポイントをおさえておくことが重要です。

05

ピカソはわざと下手に描き、セザンヌは下手だったからこそ評価された

人間は失敗する生き物です。

失敗しないようにしていても、失敗します。

それに対して、コンピュータはルールが決まっていて、答えがあるものに関しては間違いません。失敗しないのです。

コンピュータは正しく、速く処理をすることが得意です。

例えばコンピュータにモナ・リザの絵を描かせたら本物と同じように描くことができます。

そのため、正確さやスピードではコンピュータに勝つことはできません。

ではコンピュータにはない、人間の能力は何でしょうか。

ＮＨＫのある番組で、ＩＴ企業であるドワンゴの創業者・川上量生さんとタレント

で美術評論家の山田五郎さんが次のようなやり取りをしていて、大変面白いなと思いました。

川上さん：人間は、やっぱり扱える情報量が決定的に少なすぎるんですよね。少ない情報量で模倣しようとするので。必ず失敗しちゃう。

山田さん：そう。その失敗がオリジナリティなんじゃないのかなというような気もしますけどね。

山田さんの発言からもお分かりの通り、人間の場合新しい発見が失敗から生まれるため、むしろ失敗したほうが良いとさえいえます。

つまり、**正確に行うことよりも、失敗こそがオリジナリティになっていく時代が来ているの**です。

私も図工の時間で絵を描いていましたが、とても下手でした。

図工の成績はいつも悪く、良い思い出はありません。

では、なぜ成績が悪かったのか。今から振り返ってみると正確に描いていなかったからです。正しく対象を描写できていないため、成績が上がらなかったのです。学校教育の中では、図工ができる人は絵が上手な人であり、上手に模倣できる人です。その方が評価しやすいからです。

しかし、**これからは、上手でないことにこそ意味があります。**自分がどのように感じたのか、どのように表現できるのかオリジナリティが問われるのです。

こうした表現の多様性を大切にすべきという主張は、人工知能が出てきてからいわれ始めたわけではありません。

例えば、「芸術は爆発だ」で知られる岡本太郎氏は次のように述べています。

「以前は、できるだけ精巧に描くことが画家の目的だったのですが、今日の絵ではある意味において、下手に描くということが芸術家の大きな目的になっております。ピカソ自身が『私は、日ごとにまずく描いてゆくからこそ救われてるんだ』とズバリ言っていますが、ただ彼だけの問題ではなく、まさに現代芸術の本質を自分自身に表わしている明快な言葉です。つまり絵画において絶対の条件であると考えられていた、うまいということの価値がひっくり返ってしまったわけです」

(『今日の芸術〜時代を創造するものは誰か〜』)

今日では意識して下手にするということ、頑張って失敗してしまうことが芸術になってきています。

ピカソは意識して下手に書いていましたが、そもそも絵が上手ではないと思われていた人もいます。セザンヌです。

セザンヌは、生きているうちは絵が下手だったためほとんど世間から相手にされませんでした。ところが現在、彼の絵は高い評価を受けています。

そこには理由があります。岡本太郎さんは、次のように述べています。

「近代芸術は、そのような型どおりの技術、アカデミックな約束ごとを必要としなくなったのです。だからこそ、できそこないのヘッポコと思われていながらも、ズバ抜けてかがやかしい近代芸術の創造者となりえたのです。これは、たんに芸術形式だけの問題ではないのです。そこには歴史的・社会的な意味が多分に含まれています」

（『今日の芸術〜時代を創造するものは誰か〜』）

つまり、模倣が上手いといった型通りの絵よりも、独創的な絵を評価する時代になったのです。

コンピュータは、きれいに描くことに関しては得意です。

見たものを写真のように絵にする技術は人間よりも高く、スピードも速いです。

しかし**今のような時代になると、「そのように感じた」とか「そのように見えた」というような感覚的なものがとても大切になってきます。**

これは、何も芸術の世界だけに留まりません。

こうした感覚は誰もが持っているわけですから、それをどのように社会に伝えていくかが重要になっています。

そのためには「エラーする力」を身につけ、失敗してもよいのでどんどん表現していくことです。

そして、その失敗こそがあなたの強みになるのです。

06

言い訳の多い子どもは、「エラーする力」が身につかなくなるので注意

ここまで「エラーする力」の重要性を述べてきましたが、中には失敗を失敗と認めない子どもがいます。

「失敗」＝「悪」だと思いこんでいるのです。

この考えを改善するために、こちらが「失敗してもいいんだよ」と言っても、その思考が改まることはありません。

例えば、あるテストで点数が取れなかった子どもに理由を聞くと、「俺、勉強しなかったから」と言うのです。

何度聞いてもいつも同じ理由なので、よくよく話を聞いてみると「勉強すれば自分はできるはず。しかし勉強しなかったからできなかっただけ」という言い訳をしているのです。

ところが、言い訳ばかりしていると「エラーする力」を身につけることは難しくなります。

なぜなら、大人になってからも言い訳ばかりを探すようになってしまうからです。

企業でも同じことがいえます。

失敗を失敗と認めず、同じ失敗を繰り返していては「エラーする力」が身につきません。

また、失敗をごまかす会社で働いていれば、失敗を人のせいにすることが当たり前になってきます。

例えば近年、日本の製造業でデータの改ざんが頻発していますが、データの改ざんを組織ぐるみで隠ぺいしている会社が後を絶ちません。

取引先との約束を守るために失敗を認めずに、データを改ざんしているのです。

他にも、経営陣が経営責任を認めずに会社を倒産の危機にさらしている企業もあります。

企業だけでなく、行政でも同じことが起こっています。

ないといったレポートがあったり、ないといった資料が出てきたりしたこともありました。

厚生労働省で女性局長を務めた村木厚子氏は、官僚機構を「『建前は守らなければならない』『失敗や間違いは許されない』という意識になりがち」であり、「失敗や間違いが起きてしまった時、『なかったことにする』『見なかったことにする』というようなことが行われる」と指摘しています。

こうした習慣は、今に始まったことではなく、戦前から行われており、日本文化そのものの特徴だといえるかもしれません。

「罪を犯した者は、心を打ち明けることによって安らぎを得られる。…わたしたちは、告白が安らぎをもたらすということを心得ている。ところが、恥が主たる拘束力となっている場においては、おのれの過ちを打ち明けても心は休まらない。たとえ、告白の相手が懺悔聴聞司祭《ざんげちょうもんしさい》であったとしても。逆に、不行跡が「世間の知るところ」とならない限り、心を悩ます必要はない」

これはアメリカの文化人類学者ルース・ベネディクトが書いた『菊と刀』からの引

用ですが、欧米などの「罪の文化」と違い、日本の「恥の文化」は「バレなければよい」と失敗を隠す傾向にあります。

「恥の文化」が全て悪いとは言いませんが、失敗は失敗としてまず素直に認めていく必要があります。

そのために、どのような人も組織も失敗はありうるという前提からスタートし、失敗が起きたらどう対処するかを考えておくべきです。

つまり、失敗そのものが悪いのではなく、失敗を認めないことが悪いのです。

失敗を失敗と認めることで初めて原因が分かり、次にどうすれば良いかを考えることができます。

失敗を認めることが「エラーする力」を身につける第一歩です。

07

「エラーする力」が身につく子どもにするために、必要な4つのこと

「エラーする力」とは、努力や挑戦をして失敗しても諦めない力のことでしたね。

この力を身につけるためには、何にでも興味を持つ**「好奇心」**、自分ならできるという**「自負心」**、失敗しても諦めない**「忍耐力」**、そして失敗してもすぐに次の挑戦ができるという**「回復力」**の4つを鍛える必要があります。

これらの能力は、本来子どもたちが持っている能力です。

そして、さらにこの4つの力を鍛えることで、「エラーする力」が身につき、AIに使われない大人へと成長することができます。

これらの力を教育、特にプログラミング教育によって鍛えることができるというのが、本書の主張です。

それぞれの力がどのようなものなのか、またそれがなぜ「エラーする力」を身につ

けることにつながっていくのか具体的に説明しましょう。

好奇心

好奇心とは、知らないことや珍しいことに興味を持つ心のことです。

「エラーする力」を身につけるために好奇心が必要なのは、「これ面白いからやってみよう」と思えなければ、挑戦することがないからです。

また、いろいろな情報を得るためにも好奇心はとても重要です。

好奇心がなければ、どんなに有益な情報でも手元に来ることはありません。

自負心

自負心とは自分に自信を持って誇りに思う心のことです。

自分に自信がなければそもそもチャレンジをしません。

「この問題は難しいからできません」と諦めてしまう子どもは少なくありません。

そうした子どもたちは、**自負心を育てることで挑戦できるようになり、「エラーする力」が向上します。**

忍耐力

忍耐力とは、困難や苦しいことを耐える力のことです。

忍耐力がない子どもはすぐに諦めてしまいます。

つまり一回の失敗で「もうやらない」となるわけです。

それに比べて**忍耐力のある子どもは、「大変だけど頑張ろう」となって、いろいろなことにチャレンジします。**

結果として、そうした子どもたちは「エラーする力」が向上します。

回復力

回復力とは失敗した時に立ち直る力のことです。

一回失敗して「もうダメだ」となってしまう子どもが多いのです。

失敗しても、すぐに回復して挑戦していくことで「エラーする力」が向上します。


これらの力を育てるためには、親と先生の協力が不可欠です。

小さな成功体験の積み重ねは自信となり、何にでも挑戦してみようと思うきっかけになるからです。

特に先生の役割は重要で知識を教えることだけでなく、生徒を認めて導くコーチのようになることが求められていきます。

これまでは答えが決まっていて、そこに至るまでの道筋を教えていくというのが先生の主な役割でしたが、プログラミング教育の場合、答えがひとつではないため、先生が勉強として学んだことがないことを教える必要が出てきます。

こうした中で先生がどのように教えていくのかが、ポイントとなってきます。

Power of Error

2章

AI時代に必要な「エラーする力」はこうすれば身につく

Power of Error

00

「エラーする力」を身につけるには？

学習指導要領が改定され、小学校では2020年から新しい学習指導要領が全面実施となります。

文部科学省によると、今回の改定は、

「何ができるようになるか」

を明確化したとしています。

具体的には、知・徳・体にわたる「生きる力」を子どもたちに育むため、「何のために学ぶのか」という学習の意義を共有しながら、授業の創意工夫や教科書等の教材の改善を引き出していけるよう、全ての教科等を、

①知識及び技能、
②思考力、判断力、表現力等、
③学びに向かう力、人間性等
の3つの柱で再構築する、ということです。

この改定にはプログラミングを小学校で実施するという内容も含まれているのですが、こうした改定がなされたのには理由があります。

その大きな理由のひとつが、ＡＩの存在です。

答えがある問題に対しては、ＡＩは正確性、記憶力、スピードの面で人間よりも優れています。

そのため、これから子どもたちがＡＩに使われないためには、ＡＩにはできない能力を伸ばしていく必要があります。

ただ、これまでの教育が間違っていたというわけではありません。

今後、ＡＩの発達が予測される中では、必要とされる教育が変化してきたといえます。

こうした時代の変化の中で、「エラーする力」を身につけ、新しいものを生み出す必要があります。

「エラーする力」とは、これまで解説してきたように間違いを恐れずに挑戦し続ける力です。

しかし、何も努力せずにただ間違ったのでは、「エラーする力」があるとはいえません。**「エラーする力」を身につけるためには、「好奇心」「自負心」「忍耐力」「回復力」の４つを鍛える必要があります。**

本章では、「エラーする力」を身につけるために必要な教育法について説明します。

01
勝ち負けに執念を燃やしすぎる子どもにしない

私は１９７６年生まれで、ちょうど小学生の時にファミコンが登場しました。ファミコンの登場は衝撃的でした。当時、父親にファミコン本体とソフトを買ってもらい、よく遊んだものです。

その時買ったソフトはドンキーコングとマリオブラザーズで、友達と自宅で遊んだことを覚えています。

その後、スーパーファミコンが登場し、ストリートファイターなどの格闘ゲームが大人気となりました。

最近は、こうした格闘ゲームを中心に、子どもたちが対戦型のゲームをしているところをよく見かけます。

彼らの様子を見ていて気づいたのですが、最近の子どもたちは勝ち負けへのこだわりが異常に強いのです。

ゲームといえども勝ち負けは重要なのですが、「負けるくらいならやらない」という子どもが多いのです。

そこで、ある子どもに「ゲームは負けると面白くない？」と聞くと「面白くない」と答えます。何事も負けると面白くないのは分かるのですが、勝てなくてもゲームは面白いものではないのかなとも思うのです。

なぜなら、勝てないからこそ、強い人の話を聞いたりしてどうやって勝てるようになるか工夫するわけです。

しかし、負けるからやらない、勝てる相手としかやらないとなるとどうでしょうか。

もちろん、私たちの子どもの頃にもこうした子どもはいたのだと思いますが、勝ち負けにこだわりすぎる子どもが多い現状を目の当たりにすると、せっかくの成長する機会を失っているのではないかと心配になるのです。

これを現実の社会に置き換えれば、失敗を嫌うあまり成功できることだけをするということになってしまいます。

○になる問題、簡単な問題だけを解くという方へいっているということです。

例えば一緒の問題を隣の子同士で解くとします。隣の子の方が先に解けると、「もう僕にはできないので良いです」となる子がいます。

勉強は自分のことであり、他人と関係ないはずですが、他人よりもできないということを極端に嫌うのです。

そしてこうした傾向が加速すると、勝つことだけが目的となっているので、ズルをしてでも勝とうという方向へと向かっていきます。勉強でズルをするといえば、カンニングか答えを見るしかありません。ときにはこのカンニングをめぐって「先生、こいつズルしてます」と喧嘩になります。

こうした勝つことへの執念は必要な部分でもありますが、勝つまで頑張るのではなく、勝てなければやらない、勝つ相手としかやらない、ズルしてでも勝つとなると問題です。

勝たなくても楽しい、どうやったらもっと上手くできるのかなど、勝ち負け以外の楽しみを身につけてほしいのです。

また、勉強でも、〇にならなくても考え続けること自体が面白いよねということを学んでほしいと思います。

そのためには**×になってもいいから、失敗してもいいから、勝つということだけにこだわりすぎない子どもになってほしい**と思います。知的探究というのは楽しく面白いということを知ってほしいのです。

特に今後AIが進化していくと、◯になることではコンピュータに勝てなくなります。

そして、もうすでにほとんどの分野において正確さとスピードではAIに勝てなくなっているのです。

02 算数が好きな子どもの共通点

嫌いな子の割合が最も多い算数ですが、好きな子の割合も最も多いというのはご存知でしょうか。

つまり、算数＝みんなが嫌いという図式は成り立ちません。

では、算数が好きな子というのはどのような子なのでしょうか。

まず思いつくのは、算数の点数が高い子です。確かに○がたくさんつけば楽しいですよね。

しかし、算数が数学になり、だんだん難しくなってくると算数が面白いと思える子は○が多いからというよりも、算数や数学の問題を解いているのが楽しいから好きとなります。

答えが出るかどうかではなく、考えることが楽しいのです。

例えば算数では、素数をどのように求めるのか勉強したことがあるはずです。
素数の求め方には、次の2つがあります。
ひとつは「エラトステネスのふるい」です。
1～100までの素数をエラトステネスのふるいで求めてみましょう。
解き方は次の図のようになります。

①1から100までの数（100個）について考える。まず、素数ではない1を消す。

1	2	3	4	5	6	7	8	9	10
11	12	13	14	15	16	17	18	19	20
21	22	23	24	25	26	27	28	29	30
31	32	33	34	35	36	37	38	39	40
41	42	43	44	45	46	47	48	49	50
51	52	53	54	55	56	57	58	59	60
61	62	63	64	65	66	67	68	69	70
71	72	73	74	75	76	77	78	79	80
81	82	83	84	85	86	87	88	89	90
91	92	93	94	95	96	97	98	99	100

②残るうち最小の数となる2は残し、その他の2の倍数は順に消していく。

	2	3	4	5	6	7	8	9	10
11	12	13	14	15	16	17	18	19	20
21	22	23	24	25	26	27	28	29	30
31	32	33	34	35	36	37	38	39	40
41	42	43	44	45	46	47	48	49	50
51	52	53	54	55	56	57	58	59	60
61	62	63	64	65	66	67	68	69	70
71	72	73	74	75	76	77	78	79	80
81	82	83	84	85	86	87	88	89	90
91	92	93	94	95	96	97	98	99	100

③残るうち次に小さい３は残し、その他の３の倍数は順に消していく。

	2	3		5		7		**9**	
11		13		**15**		17		19	
21		23		25		**27**		29	
31		**33**		35		37		**39**	
41		43		**45**		47		49	
51		53		55		**57**		59	
61		**63**		65		67		**69**	
71		73		**75**		77		79	
81		83		85		**87**		89	
91		**93**		95		97		**99**	

④同様に「５」「７」…と続けていくと、最終的に素数のみが残る。

	2	3		5		7			
11		13				17		19	
		23						29	
31						37			
41		43				47			
		53						59	
61						67			
71		73						79	
		83						89	
						97			

一方、「サンダラムのふるい」は先に偶数を消しておきます。その上で奇数のみエラトステネスのふるいと同じように消し込んでいくやり方です。

解き方は次の図のようになります。

①1から100までの奇数のみ（50個）について考える。まず、1を消す。

1	3	5	7	9	11	13	15	17	19
21	23	25	27	29	31	33	35	37	39
41	43	45	47	49	51	53	55	57	59
61	63	65	67	69	71	73	75	77	79
81	83	85	87	89	91	93	95	97	99

②残るうち最小となる3を残し、その他の3の倍数は順に消していく。

	3	5	7	9	11	13	15	17	19
21	23	25	27	29	31	33	35	37	39
41	43	45	47	49	51	53	55	57	59
61	63	65	67	69	71	73	75	77	79
81	83	85	87	89	91	93	95	97	99

③同様に5、7…と続けていくと、奇数である素数が残る。

	3	5	7		11	13		17	19
	23			29	31			37	
41	43		47			53			59
61			67		71	73			79
	83			89				97	

④最後に「2」を追加すれば、1から100までに含まれるすべての素数が揃う。

2	3	5	7		11	13		17	19
	23			29	31			37	
41	43		47			53			59
61			67		71	73			79
	83			89				97	

もちろんここで説明したいのは、素数の求め方ではありません。

「素数をプログラミングで求めよう」と言ったときに、「エラトステネスのふるいで求めよう!!」と言っている小学生がいることです。

その子はプログラミングが大好きな子ですから、素数をプログラミングで求めるという問題を見たことがあったのでしょう。すぐにプログラミングができていました。

しかし、この子のように素数の求め方をあらかじめ知っている必要はありません。ただ、素数がプログラミングで求められることが面白いと思えるかどうかはとても重要です。「素数ってこんな風に求められるんだ」と興味を持てるような教育が求められているのです。

プログラミングをやりたいという子にはゲーム好きが多くいます。プログラミングでゲームを作ってみたい、自分が作ったゲームをプレイしてみたいという意見は多いのです。

今も昔もゲームは子どもたちにとって、大変魅力的な遊びです。

これは子どもたちに限ったことではなく、大人でも携帯のゲームにはまっている人がいます。

子どもたちがゲームをしているところを見ていると、とても楽しそうにみんなで遊んでいます。

こうしたゲームも反復練習の一環としてとらえることができるのです。

ゲームだから楽しくて、勉強になると面白くなくなるというのは自分で積極的にやっているのか、やらされているのかの差です。

そのため、**これからの教育は、それぞれの子どもが興味を持って学ぶための環境をどのように作るかが大切になります。**

コンピュータというツールを用いるだけでなく、興味を持ってもらうカリキュラムをどのように作成するのか、先生がどのように指導するのかが重要です。

同じ課題であっても、教え方によって効果は大きく変わります。

今後、カリキュラムや教える技術がとても大切になってきます。

時にはコンピュータなどのツールを上手に使いつつ、子どもたちに興味を持ってもらうように常に考えていくべきなのです。

03

わからなくても、手を動かして書き始める子どもは「回復力」が身につく

これまでの教育は、○は良くて×は駄目という教育でした。

しかし、これからの教育は間違いを恐れずに挑戦することが必要になってきます。どのような分野においても、失敗のない成功はありません。

失敗しても挑戦し続けることで、初めて成功できます。

こうしたことは、子どもが幼児期にはよくいわれるのです。

子どもが小さなうちは「間違ってもいいよ、頑張ってやってみよう」という声掛けをしていたのではないでしょうか。

私もブロックや積み木の遊びでは、よくそんな声掛けをしていた記憶があります。しかし、それが小学校に上がると、間違わない方がいいよと言うようになります。

子どもたちも間違いは良くないと思っていますから、間違わないことを最優先にす

るようになります。

そのため、小学校に上がると急に慎重になったり、先生の指示がないとできなくなったりすることがあります。

こうした現状に対して、幼稚園スタイルの遊びを、小学校以降も取り入れるべきだと主張する人もいます。

私はよく、授業で「間違ってもいいからやってみよう」と伝えています。

それに対する反応は二つに分かれます。

「間違ってもいいのだから適当に書く」子どもと「間違ってもいいのだから自分が答えだと思うものを書く」子どもです。

「回復力」は、後者の方が身につきます。

そのため、算数でも数字だけ書いてくる子どもに対して、「なぜ」と聞くようにしています。

「間違ってもいいので挑戦する」の意味は、**一生懸命考えた上で間違える**ということです。

一生懸命考えているかどうかは、国語の授業で要約をさせるとよく分かります。要約は良い要約というものはありますが、この通りに要約しなければ駄目というものはありません。

もちろん、字数制限があって、必要な部分が書かれていないと駄目ということはありますが、授業で行う場合、字数制限は設けません。

そうすると、答案は大きく二つに分かれます。

一行で終わる子と、ほとんど全部文章をそのまま書く子です。

ここからが重要で、少ない子は追加しなければなりませんし、多い子は削らなければなりません。

「回復力」を鍛えるためには、ここでどれだけ挑戦するかがポイントです。

「回復力」がある子どもは、何回も修正して持ってきます。

要約ですので、まずはこの程度できればよいというレベルを個々のレベルに合わせて決めることが可能ですが、「回復力」がある子は著しく成長します。

こうした例は国語の要約だけではありません。算数でもいえます。

例えば灘中学の２０１８年一日目の問題に、次のようなものがありました。

3を8個かけてできる数3×3×3×3×3×3×3×3、すなわち6561の約数のうち、4で割ると1余るものは、1を含めて全部で何個ありますか。

こうした問題を出すと、とりあえず何かを書き始める生徒がいます。ただ、何かを書いている生徒がすぐに正解を出せるわけではありません。

むしろ正解できないことの方が多いでしょう。それでも書き出していきます。6561の約数は1、3、9、27、81、243、729、2187、6561です。これをすべて4で割って余りを求めれば、答えは出るのです。

規則性を見つけなければ解くことができない問題もありますが、手を動かすことで解くことができる問題もたくさんあります。

間違っても挑戦する、「回復力」がある生徒は「失敗する力」が育っていきます。「回復力」をどのように身につけていくのかが、今後の教育の課題だといえます。

ちなみにこの問題、4で割って1余る数は1、9、81、729、6561です。

つまり5個ですね。何か気づきませんか。

1、3、9、27、81、243、729、2187、6561を見ると、ひとつおきに4で割った余りが1になっていますね。

それ以外は、余りが3です。

このような規則性に気づくと、よりいろいろな問題が解けるようになります。

こうした問題ができるようになるためには、「回復力」がとても重要な要素であり、手を動かして挑戦する環境を作ることが大切なのです。

Power of Error

04

あえて「○」の取りやすい問題を解かせて、自負心を育てる

これまでの教育では、人と同じことができることが良しとされてきました。

しかし、これからは違います。

他の人たちが表現できることは、コンピュータも表現できます。そのため、人と違うことこそ表現しなければなりません。

例えばお絵描きの時間になると、子どもたちは好き勝手に描いて自由に表現します。

しかし、勉強の時間になった途端、手が止まってしまうのです。

それは勉強には○と×があり、○でなければならないという意識があるからです。しかし、**○か×かが重要ではなく、×であったことから何を学ぶか、それが自分の考えていた答えとどう違うのかを確かめることの方が重要です。**

そして、**その努力を周囲が認めてあげることが大切なのです。**

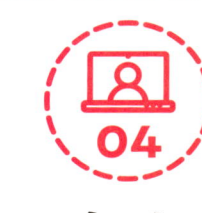

人と違ってもいいから自分を表現したり、挑戦したりすることで、「自負心」が鍛えられ、「失敗する力」が育っていきます。

世の中で成功している人のほとんどは、人と違うものを売り出しています。

例えばスティーブ・ジョブスの変人ぶりは周知のことですし、アップルが1997年に行った「Think Different」キャンペーンはあまりにも有名です。

当時のCMのフルバージョンはこのようなものでした。

「クレージーな人たちがいる。反逆者、厄介者と呼ばれる人たち。四角い穴に丸い杭を打ち込むように、物事をまるで違う目で見る人たち。彼らは規則を嫌う。彼らは現状を肯定しない。彼らの言葉に心を打たれる人がいる。反対する人も、称賛する人もけなす人もいる。しかし、彼らを無視することはできない。なぜなら、彼らは物事を変えたからだ。彼らは人間を前進させた。彼らはクレージーと言われるが、私たちは天才だと思う。自分が世界を変えられると本気で信じる人たちこそが、本当に世界を変えているのだから」

このように、人と違うことに挑戦して初めて新しいことが生み出せるのです。

人と違うことを恐れずにやり続け、認められることで「自負心」が身についていくのです。これはご家庭や教育の現場でも実現できます。

例えば私は、国語の授業で間違ったとしても理由があれば良しとしていました。

もちろん、○にはならないのですが、そこまで考えることが大切だからです。こうしたことを積み重ねていくことで、人と違ってもいいと思えるようになります。

ただし、時には、**○を取らせてあげることも大切**です。なぜなら、漢字テストや計算テストなどで点数が取れると自信につながるからです。

ある子どもは、それまで算数が全くできず、ほとんど勉強をしませんでした。勉強をしなければ当然、点数は取れません。点数が取れないため、ますます算数が嫌いになるという悪循環に陥っていました。

しかし、算数は単元が変わると点数が取れるようになる可能性があります。

その子は掛け算になった途端、点数が取れるようになりました。掛け算の九九を暗記するのが、得意だったのです。

そこで点数が取れると「算数ができるかも」と思うようになり、それから算数は得意な教科のひとつになりました。

算数は、好きな子と嫌いな子の差が激しい科目です。しかし、自分に自信を持つことで、勉強に前向きに取り組むようになります。

×になるからやらないではなく、×になってもやってみようというように変わります。

こうした子どもの成長を感じると、教える方としてもとても嬉しくなります。子どもたちはちょっとしたきっかけで１８０度変わることがあるので、見ていて楽しいのです。

最近では、学校でコンピュータを扱う授業をしている学校も出てきています。プログラミング教室に通っている生徒は、コンピュータの扱いに慣れていますから、コンピュータの授業になるとイキイキとします。

コンピュータに関して自分はよく分かっているという自信を持つことができれば、コンピュータ以外の勉強にも自信が持てるようになります。

実際に、勉強に興味がなかった子どもが、コンピュータの授業で自信がついたおかげで、他の勉強を頑張るようになったということがありました。

自分に自信を持つことは、小さな成功体験の積み重ねだと感じさせる事例です。

自分に自信がないという子どもは本来いないはずです。生きていく過程で「自分はできない人間だ」と思わされて自信を失っただけです。

特にそのように思わされた期間が長いと、回復するのに時間がかかります。

自信がないため、勉強しないでいると、ますます周りから遅れて自信がなくなります。

小学生の時から、「自分はできない人間だ」と思わされることほど悲しいことはありません。そして、そのような教育は改善していかなければなりません。

「自負心」を持てるかどうかは、「失敗する力」を育てるために重要な要素のひとつです。

ただし、何の根拠もなく自信だけ持つのはマイナスの影響をもたらすともいわれています。

能力ではなく努力を褒めることが大切だといわれますが、努力しているところを認めてあげることで、自負心は育ちます。

つまり、**自負心は後から育てることができる**のです。

05

「忍耐力のある」子どもにするには、「できる」ことを増やしてあげる

答えのある問題を解くスピードに関しては、人間はコンピュータには勝てません。むしろ人間がやるべきことは、時間をかけてでも「やり続けること」です。

時間をかけてやり続けることで、これまでになかったものを生み出すことができます。

もちろん仕事でいうと、速い方が良いのは当然です。

しかし、こと教育という点においては、時間をかけて忍耐強くやることがとても大切です。

特に小学校のときに、こうした教育を行う必要があります。

なぜなら、「失敗する力」を身につけるには失敗してもやり続ける「忍耐力」がポイントになるからです。

```
      1+   2+   3…+  97+  98+  99+100
+) 100+  99+  98…+   4+   3+   2+   1
─────────────────────────────────────
   101+101+101…+101+101+101+101
  =101×100÷2
  =5050
```

「忍耐力」がないと、すぐに諦めてしまい、「エラーする力」は育ちません。

分からない問題に対して、どれくらい長時間考えることができるかは「忍耐力」が大きく関係しています。

例えば、1～100まで足してみようという問題があるとします。

中学受験では、上のように解きます。

これは解き方を覚えているわけですが、単純に1～100まで自分で計算しても良いのです。

もちろん、それは効率が良いやり方ではありません。

しかし、1～100まで足すという問題を見ただけで「できません」と答える子どもが多い中、やり続ける子どもは「忍耐力」が育っていきます。

こうした態度は勉強だけでなく、スポーツにも共通しています。

スポーツにおける基礎練習は、忍耐力を必要とします。走り込みやウェイトトレーニングをすることは、基本的に面白いものではありません。

そのため、忍耐強く継続していくことが重要です。そうすることで、基本的な力が身につきます。

「忍耐力」がない子どもは、まず興味の幅を広げてあげる必要があります。

具体的には、**「できる」ことを増やしてあげる**のです。

教える側としては「分かる」ことを先に目指しますが、忍耐強くない子どもにはまず「できる」ことを増やしていき、自信を持たせることが大切なのです。

「自分ならできる!!」と思っていれば「自負心」も育ち、やがて「忍耐力」がつき、難しいことにでも挑戦できるようになります。

まずは「できない」→「やらない」のループから脱出することが目的なのです。

大人から見れば「そんな簡単なことはできて当然」と思うかもしれませんが、まずはできるという実感を持たせることが大切です。

06

親も先生も先回りしてはいけない。あえて子どもが失敗するのを見守る

教育の話になると、学校教育の問題として取り上げられることが多いのですが、それをすべて小学校の先生の責任にしても何の解決にもなりません。

教育については学校・家庭・社会の3つがどのように協力して行っていくか考える必要があります。

実際、学校の先生は他業種と比べてもかなり負担が大きい職業です。

たとえば、次ページの**図1**のグラフを見てください（「とりもどせ！教職員の「生活時間」～日本における教職員の働き方・労働時間の実態に関する調査研究報告書～（連合総研）」参照、グラフ数値は一部のみ抜粋）。

このグラフによると、小学校の先生は週の労働時間が「50時間未満」の人がいないことがわかります。

図1　小中学校教諭・医師・民間雇用労働者の週あたり労働時間の比較

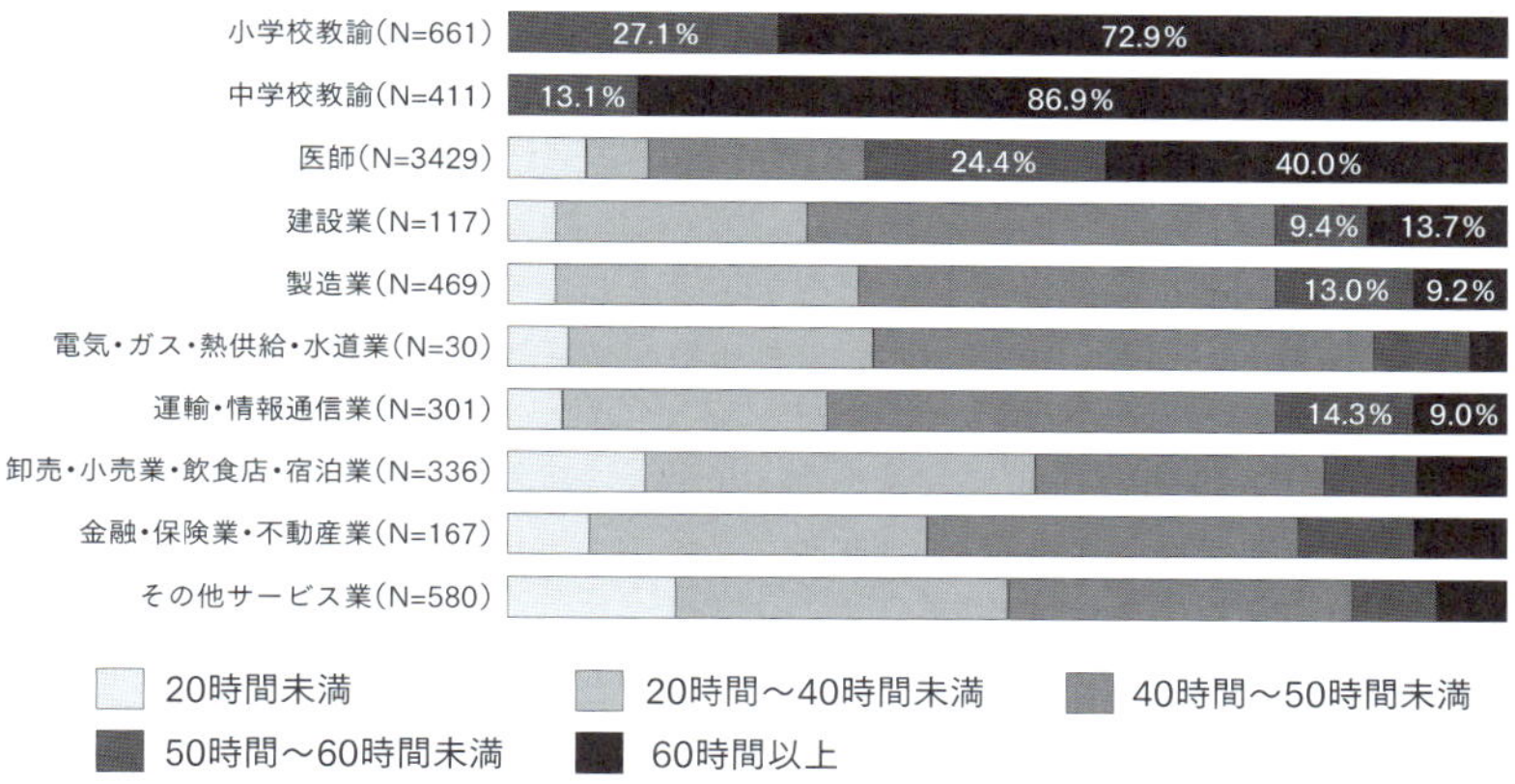
小学校教諭(N=661)
27.1%
72.9%
中学校教諭(N=411)
13.1%
86.9%
医師(N=3429)
24.4%
40.0%
建設業(N=117)
9.4%
13.7%
製造業(N=469)
13.0%
9.2%
電気・ガス・熱供給・水道業(N=30)
運輸・情報通信業(N=301)
14.3%
9.0%
卸売・小売業・飲食店・宿泊業(N=336)
金融・保険業・不動産業(N=167)
その他サービス業(N=580)
20時間未満
20時間〜40時間未満
40時間〜50時間未満
50時間〜60時間未満
60時間以上

さらに72・9%が「60時間以上」の労働を強いられており、医師よりもその割合が多いという結果になっています。

この結果からも分かるように、個々の先生の負担はかなり大きいといえます。

そのため「公立小中学校の教員は平均で1日11時間以上働き、小学校で3割、中学校で6割の教員が『過労死ライン』とされる『残業が月80時間』を超える」といわれており、さらに2020年には小学校のプログラミングの必修化と英語の教科化に伴い労働時間はさらに増えることが予想されています。

こうした現状は、教師の時間を奪っていくわけですから、結果としてさらに授業の

図2　小学校教員の仕事の悩み・不満

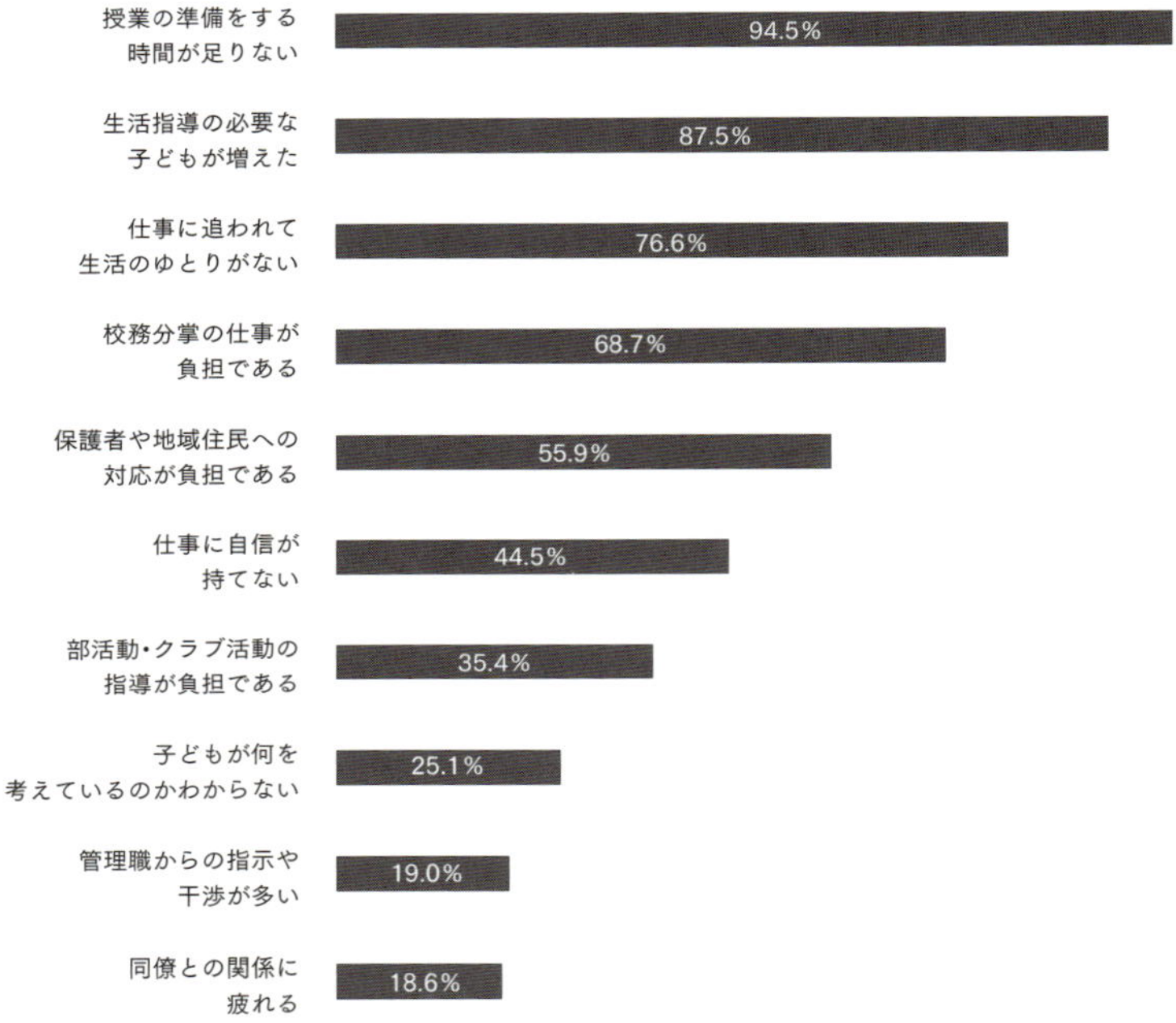
授業の準備をする時間が足りない
94.5%
生活指導の必要な子どもが増えた
87.5%
仕事に追われて生活のゆとりがない
76.6%
校務分掌の仕事が負担である
68.7%
保護者や地域住民への対応が負担である
55.9%
仕事に自信が持てない
44.5%
部活動・クラブ活動の指導が負担である
35.4%
子どもが何を考えているのかわからない
25.1%
管理職からの指示や干渉が多い
19.0%
同僚との関係に疲れる
18.6%

準備をする時間が少なくなっています（図2参照「教員の仕事と意識に関する調査」より抜粋）。

また、英語もプログラミングもこれまで教えたことのない教科です。

例えば英語に関していうと、次ページ図3で示されているように、約7割の先生が英語を教えることに自信がありません（「第2回 小学校英語に関する基本調査（教員調

図3　英語活動の指導への自信〈学級担任〉

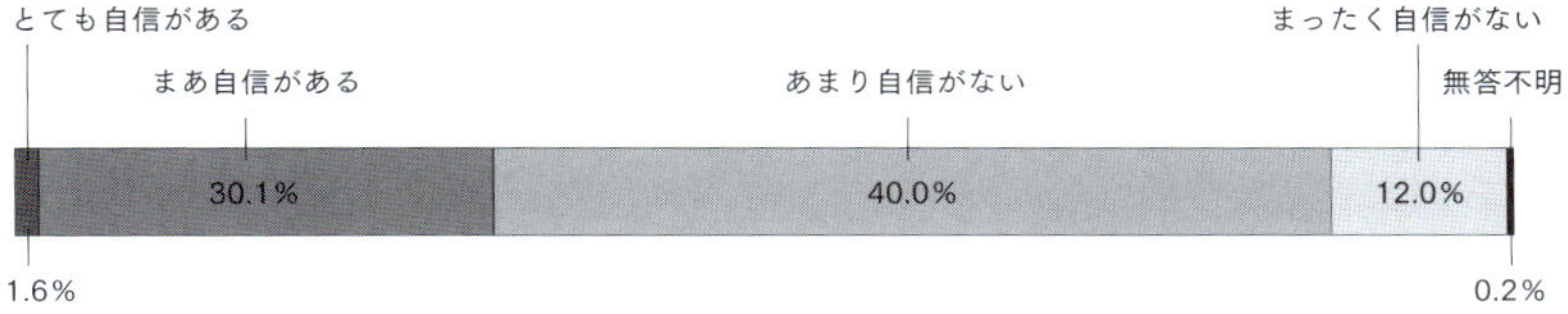
とても自信がある
まあ自信がある
あまり自信がない
まったく自信がない
無答不明
30.1%
40.0%
12.0%
1.6%
0.2%

査)」(ベネッセ教育総合研究所)より)。

このように日々大変な業務を抱える先生たちですが、子どもが「エラーする力」を身につけるために、教える側の役割はとても重要です。

もちろん、子どもが自分たちで考えて行動することは必要です。

ただ、子どもたちの中にはすでに「エラーする力」が身についている子もいますし、そうでない子もいます。

大事なことは、子どもたちそれぞれのレベルに合わせて適切に指導できるかどうかですから、民間も含め、教える人の能力はとても重要です。

私自身も長く子どもたちに教えていますが、教えることについて常に学んでいます。例えば、教えるということについて、社会教育学者の苅谷剛彦氏は次のように述べています。

「あと一押しの『教えること』がないために、子どもが自分で考える力も中途半端に終わってしまう。教師が教えることを差し控えてまで、子どもが自分で気づくことが、「自ら考える力」につながるといった主体性のワナである。

教えることと教え込みとの区別がつけられない教師に、教え込みはいけないと強調しすぎたこと。そこに、「新しい学力観」の問題があったと言ってよいだろう」

（『教えることの復権』大村はま、苅谷剛彦・夏子共著、筑摩書房）

このように教えるというのはとても難しいことであり、答えがないものです。

現在、算数の問題をタブレットで勉強している子どもたちも増えてきています。

また、ＡＩの発達により、ＡＩが子どもたちの成績を判断して問題を出すというサービスも始まっています。

点数を取るということに関しては、このようなサービスを利用することで、教える側（親・教師）の役割が変化するという主張もなされています。

しかし、それは教える側が教える必要がなくなったということを意味しているわけではありません。

教える側の、教える中身が変化するということを意味しています。

ＡＩが発展してくると何を教える必要があるのか、どのように教えるのかがますます重要になってきます。

努力して挑戦し、間違える力である「エラーする力」は、ＡＩには教えることはできません。ここが、教える側の力量が問われる部分です。

教える人は、生徒が変われば違うやり方で教えていかなければなりません。

それはその子どもに合った問題を出すということにとどまらず、その子どもに合った教え方をするということです。

最初から最後まで先生が説明して、「さあみんな解いてみよう」と言っても解ける人は少数です。

子どもは先生の話を一方的に聞いているだけですから、先生の真似をしようとしてしまいます。

つまり、どうしても暗記するという方法になってしまうのです。

しかし、前述したように、暗記であればコンピュータに勝つことはできません。

その子どもに合った教え方とは、その子どもにとって適切な考えるためのヒントを示してあげることです。

考えることができる部分は子どもによって違いますし、どのように考えるかも子どもによって違います。

上手に教えていくのが、親や教師の役割なのだと思っています。

そのため、「どう子どもたちに考えさせるか」の引き出しが多い親や先生が良いといえます。

「考えなさい」で終わらせることで何もできないようにさせてしまってもいけませんが、教え込みすぎて考える機会を奪ってしまうのも問題です。

そのバランスをどのように取るのか、教える人の資質が改めて問われます。


また前提として、教える側は答えを知っています。

「こうすればこんな間違いはしない」と考えることができるので、先回りしがちです。

しかし、間違いや失敗から子どもが自分で気づいて学ぶ機会も必要です。

失敗すれば誰でも落ち込みます。

点数が悪ければ子どもたちは「しまった」と思うのが一般的です。

そこから、「こうすれば良いかも」と自ら考えて行動するまで待つのも親や教師の役割です。

人によって「回復力」に違いはありますが、「回復力」がない子どもはいません。

失敗から回復するまで待ってあげるというのも、親や教師の重要な役割のひとつでしょう。

Power of Error

07

プログラミング学習は、学校だけでなく塾を上手に活用しよう

小学校では、前述したように2020年には英語も教科になりますし、そのうえプログラミングまで教えなければならないとなると、学校の先生の負担増は計り知れません。

義務教育は子どもたち全員が受ける教育ですので、教育を新しくすると、負担は学校の先生にいってしまいます。そうした中で子どもたちの「失敗する力」を伸ばすために待ったり、一緒にできないところを探すのは難しいといえます。

一方、民間にも教育に真剣に取り組んでいる人が多くおり、民間の協力も得て、子どもたちの教育環境を整えていくべき時がきています。

民間の教育機関として、すぐ思い浮かぶのが学習塾です。

個人のものも含めると、全国には約5万もの塾があります。身近に塾がない地域は

ほぼありません。学習塾の目的は成績を上げることであり、受験で合格させることです。受験で合格するためには塾を上手に活用しましょう。

また、民間教育機関には私立の学校もありますし、公立の学校にも民間と協力して教育を変えていこうという動きが出てきています。

例えば杉並区は、早稲田大学と連携して外国語教育を充実すると発表しています。他にも福岡県の大牟田市立明治小学校では、大阪樟蔭女子大学の菅正隆教授（元文部科学省教科調査官）、NECフィールディングと連携し、小型の人型ロボット「NAO」を活用した小学校3年生用の授業を開始しています。

こうしたツールを導入することで、これまでできなかった教育が実現でき、しかも先生の負担が軽減されるのはとても素晴らしいことです。

英語に関してのこうした民間との連携は、プログラミング教育においても同様の流れになっています。

例えば文科省情報教育振興室の稲葉敦室長補佐は、「子どもがもっとやりたいと思ったときに、学校で教えられるのはここまでと終わらせてほしくない。先生が地域の体験イベントを紹介するなど、学校の中の教育と学校の外の教育をつないでほしい」としています。

また、渋谷区ではDeNAのプログラミング学習アプリ「プログラミングゼミ」をインストールしたタブレットが生徒全員に配布されています。「渋谷区はIT企業が多いことから民間企業と協力しやすく、中でも指導人材を確保でき、低学年向けのソフトも開発しているDeNAが最適だと考え、パートナーに選んだ」としています。

私はこうした流れは、渋谷区にとどまらず全国に広がっていくと思います。

ただ民間の力を借りるといっても予算の問題もありますし、学校単位だけでできることではありません。また、地域間格差が生まれてもいけません。

特にプログラミング教育の場合、渋谷区のようにタブレットが配布されているところもあれば、コンピュータがほとんどない学校もあります。

ですからこうした設備の面も、整えていかなければなりません。

私自身、これまで塾で教えることが長かったのですが、学校と塾というのは協力する関係というよりも敵対する関係でした。

特に中学受験の塾は受験用の勉強をするわけですから、「学校の勉強はつまらない」と言い始める子どもたちがたくさんいて、これを学校で言っていたら学校の先生は嫌だろうなと思っていました。

しかし、**これからの時代、学校だけで教育を行うということは大変難しく、学校と塾、そして親との連携は不可欠です。**

それが、今後の教育で必要な要素となるはずです。

08

家庭でやれることで最も難しくて重要なのは「○○○こと」

教育においては、保護者の方の協力は必要不可欠です。

どの保護者の方も、自分の子どもに立派に成長してほしいと願っているのは間違いありません。

では、保護者である私たちは、具体的に子どもたちにどのようになってほしいと思っているのでしょうか。

子どもたちにどのようになってほしいかというのは、今の教育の現状と密接に関係してきます。

「平成16年度・17年度家庭教育に関する国際比較調査報告書」に「○○さんが15歳くらいになった時、どのような子になって欲しいと期待しますか。次にあげる項目について、あなたがお子さんに期待する程度を、お答えください」という質問事項があります。

項目としてあげられているのは、以下の９つです。

・学校でよい成績を取る
・親のいうことを素直にきく
・自分の意見をハッキリ述べる
・他人と協調できる
・自分の人生の目標を持つ
・男の子は男らしく、女の子は女らしくする
・困っている人を見たら助けてあげる
・リーダーシップがとれる
・他人との競争に勝てる

これらの項目に対して、「強く期待する」「少し期待する」「あまり期待しない」「全く期待しない」のどれかに○をしていきます。

その結果が次ページの表です。いかがでしょうか。

子どもへの期待「強く期待する」割合

	日本	アメリカ	フランス	スウェーデン	韓国	タイ
1位	自分の意見をハッキリ言う(69.3%)	困っている人を助ける(79.6%)	親の言うことを素直に聞く(80.1%)	困っている人を助ける(80.6%)	自分の人生の目標を持つ(64.2%)	男らしく、女らしくする(59.5%)
2位	他人と協調できる(67.9%)	親の言うことを素直に聞く(75.2%)	自分の人生の目標を持つ(74.7%)	他人と協調できる(78.2%)	自分の意見をハッキリ言う(59.0%)	他人と協調できる(53.6%)
3位	困っている人を助ける(67.3%)	学校で良い成績を取る(72.7%)	学校で良い成績をと取る(70.1%)	自分の人生の目標を持つ(74.2%)	他人と協調できる(55.8%)	親の言うことを素直に聞く(52.5%)
4位	自分の人生の目標を持つ(56.6%)	他人と協調できる(72.1%)	他人と協調できる(64.2%)	自分の意見をハッキリ言う(70.2%)	リーダーシップがとれる(54.9%)	困っている人を助ける(43.8%)
5位	男らしく、女らしくする(35.1%)	自分の人生の目標を持つ(69.8%)	自分の意見をハッキリ言う(54.3%)	親の言うことを素直に聞く(59.6%)	困っている人を助ける(54.6%)	リーダーシップがとれる(38.9%)
6位	親の言うことを素直に聞く(29.6%)	リーダーシップがとれる(65.6%)	困っている人を助ける(48.8%)	学校で良い成績を取る(45.9%)	男らしく、女らしくする(46.7%)	自分の人生の目標を持つ(38.6%)
7位	リーダーシップがとれる(21.4%)	自分の意見をハッキリ言う(65.0%)	男らしく、女らしくする(39.2%)	リーダーシップがとれる(21.7%)	親の言うことを素直に聞く(36.6%)	自分の意見をハッキリ言う(35.2%)
8位	学校で良い成績を取る(11.9%)	男らしく、女らしくする(62.2%)	他人との競争に勝てる(36.1%)	男らしく、女らしくする(11.5%)	他人との競争に勝てる(29.5%)	学校で良い成績を取る(28.9%)
9位	他人との競争に勝てる(11.5%)	他人との競争に勝てる(33.6%)	リーダーシップがとれる(33.6%)	他人との競争に勝てる(8.4%)	学校で良い成績を取る(21.5%)	他人との競争に勝てる(21.6%)

日本では、「学校で良い成績を取る」ことよりも「自分の意見をハッキリ言う」ことや「他人と協調できる」ことの方がランキングが上です。

そして、意外なことに、アメリカやヨーロッパの方が「学校で良い成績を取る」ことに期待していることが分かります。

ちなみに、「自分の意見をハッキリ言う」という項目は、「エラーする力」を鍛えることで身につきます。

なぜなら、**「エラーする力」を身につけるには、「自負心」が必要であり、そのためには自分を表現する必要がある**からです。

ただし「エラーする力」を育てて、保護者の方の期待を実現することは、学校教育だけでは難しいのが現状です。

教育は、学校や塾でも行っていますが、なにより家庭の力はとても大切です。

前述したように学校の先生にはかなりの負担がかかっており、学校に頼るのも限界があります。

各家庭と学校が協力し、国や地方自治体も一緒になって考える必要があるのです。

例えば○と×の問題ですが、いくら学校で○や×が重要ではないと教えていても、○×にこだわる姿勢が保護者の方にあれば、子どもはどうしても○が欲しいとなってきます。

○が多ければお母さんに褒められると分かっているから、何とかして○を増やそうとしてしまうのです。

○を増やすために一生懸命勉強する子もいますが、×なのに○にするという子どももいます。

つまり内容は関係なく、とにかく○を増やすことが目的になってしまいます。

そうした行為がエスカレートすると、答えを写す、カンニングするなどの行為に出ます。

確かに答えを写したり、カンニングしたりする行為はダメです。

しかし、保護者の方や学校の先生の意識が変わらない限り、いくらその行為を注意しても直りません。

「○が多いから良いのではなく、努力することが大事だよ」ということを保護者の方が子どもに伝えていく必要があります。

さて、そうした前提に立った上で、家庭でやるべきことは勉強を教えることではありません。

最も大切なことは**「待つこと」**です。

これは思ったよりも難しいことです。

例えば、横から宿題をしているのを見ていて明らかに間違っていると分かると、つい教えたくなります。

しかしここで我慢です。

そして、すべてが終わったあとに「何かおかしくないかな」と考えさせます。

そして本人に気づいてもらうのです。

親ですから、どうしても先回りして失敗しないようにしてあげたいと思うのですが、あえて失敗してもらう必要があります。

こうした待ちの姿勢はとても重要です。

なんでもすべて待てとは言いませんが、勉強に関しては意識して待つくらいがちょうどいいでしょう。

そうしたことを繰り返していくうちに、逆に保護者の方が口を出そうとすると、「今、考えてるんだから口を出さないで!!」と言われるようになります。

そうなったらしめたものです。

口を出したいときにグッと我慢して、口を出さないでいるように努めること。

実際に口を出さずに待っていたら、急に勉強し始めたという子どもはたくさんいます。

もちろん、そこには個人差があり、中学になってから勉強し始めた子もいれば、高校になってから勉強し始めた子もいます。

「いつまで待てばいいんですか」と聞かれることもありますが、結局のところ、待ち続けるしかないというのが、私の結論です。

子どもを信じて、しっかり待つ。

そうすることで、家庭でも「エラーする力」を育てることができます。

09

試験の結果に一喜一憂しない子どもに育てる

中学受験の上位校では、失敗しても挑戦する気持ちを持ち続ける力、つまり「エラーする力」が必要だと気づき始めています。

例えば、近年、次のような分からない問題に挑戦する姿勢を評価する問題が出題されています。２０１３年の麻布中学の理科の問題です。

「99年後に誕生する予定のネコ型ロボット『ドラえもん』。この『ドラえもん』が優れた技術で作られていても、生物として認められることはありません。
それはなぜですか。理由を答えなさい」

これは有名なドラえもん問題です。

この問題の正解は、ひとつではありません。

自分で考えて、その考えを表現する必要があります。

こうした生徒を欲しいのが、麻布中学の現状なのです。


今持っている自分の力を最大限発揮し、挑戦すること。


これは、とても大切なことです。

中学受験の難関校では、すでにそうした力を持った生徒が必要だと思われています。

また、2020年の大学入試改革を睨《にら》んで、考えることを問う問題が増えてくることは間違いありません。

実際に2018年の開成中学の入試問題は、これまでの傾向とは大きくかけ離れた問題が出題されました。

次のような問題です。

売れ行き総数の推移

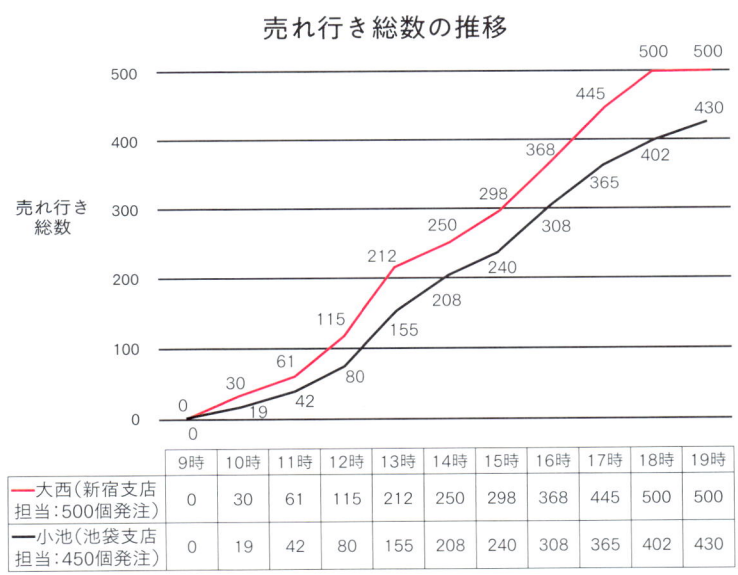

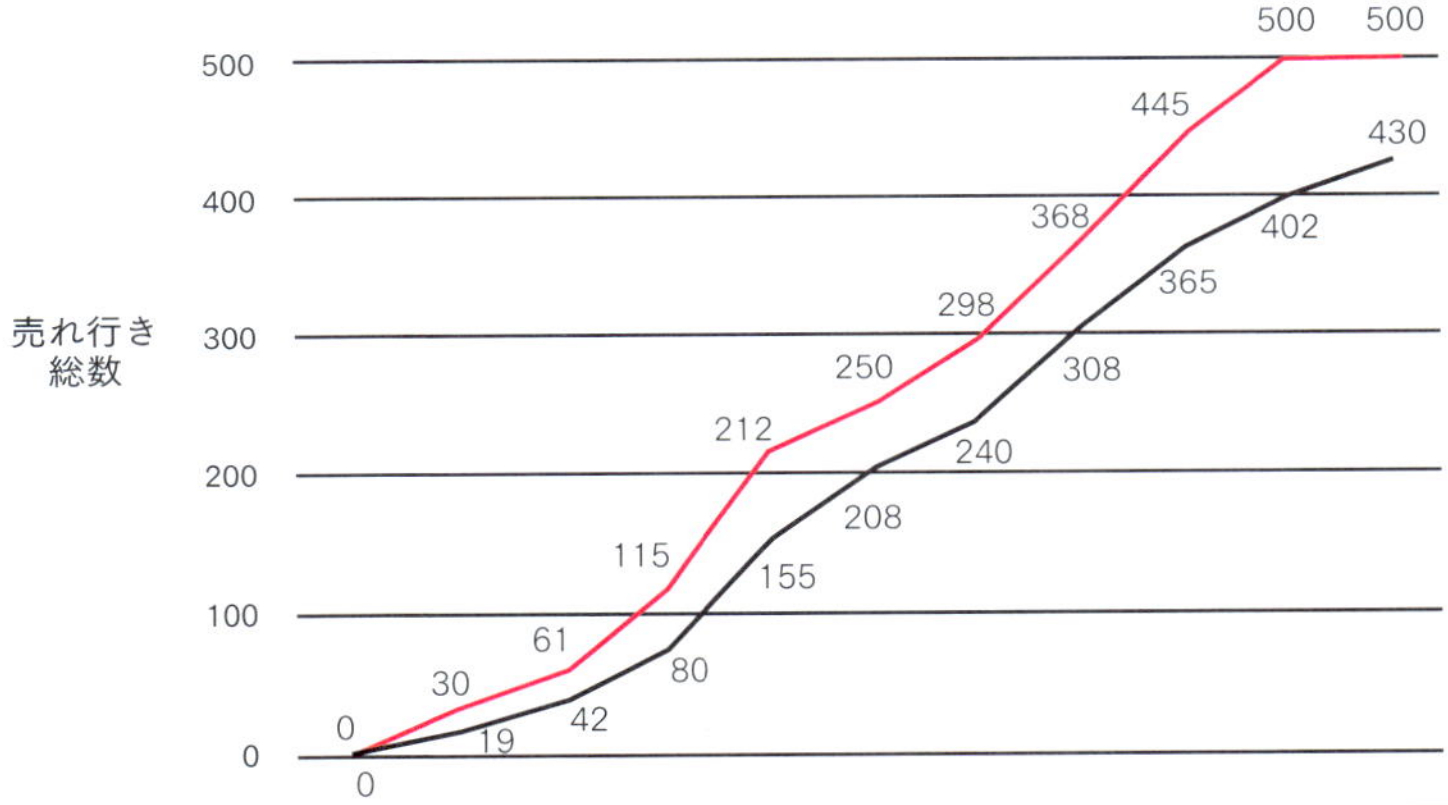

	9時	10時	11時	12時	13時	14時	15時	16時	17時	18時	19時
—大西（新宿支店担当：500個発注）	0	30	61	115	212	250	298	368	445	500	500
—小池（池袋支店担当：450個発注）	0	19	42	80	155	208	240	308	365	402	430

「この販売部長は大西社員を高く評価していますが、それに対して社長は小池社員を評価しています。

大西社員よりも小池社員の方を高く評価する社長の考えとは、どのようなものと考えられるでしょうか。

「たしかに」「しかし」「一方」「したがって」の4つの言葉を、この順に、文の先頭に使って、四文で説明しなさい」

ちなみにこのような入試問題は、これまで開成中学で出題されたことはありません。こうした問題を出すのには大学入試改革の影響もありますが、それ以外の要素も無視できません。

つまり、**ただ知識を覚えるだけでなく、考えて答えることが求められている、**ということです。

学校側としては「このように答えてほしい」というものはありますが、一字一句同じでなければならないわけではありません。

こうした思考力を問う問題は、これから増えてくると考えられており、そうした能力を身につけるためには、「エラーする力」が必要です。

開成中学・高校の柳沢校長は次のように述べています。

「試験の結果は、相手が決めることですから、不合格になることもあります。でも『自分は十分努力したから、よしとしよう』と思えさえすれば、私はそれで良いのではないかと思っています。（中略）**試験の結果などに左右されずに、自分がどう生きたい**

のかをじっくり考え、自分の足でどんどん前に向かう強さを身につけてください」
（『グローバルエリートの条件』ＰＨＰ研究所）

これも、「失敗する力」に通じます。
自分が努力して、挑戦していくこと。
そうすれば、結果が失敗であっても、その先に必ずつながります。
難関校では、世界では、これからこうした力が必要だと分かっているのです。

Power of Error

3章

「エラーする力」が自動的に身につくプログラミング教育

Power of Error

00

「エラーする力」を育てるのに、プログラミングがいい理由

2章では、「エラーする力」を育てるために、**「好奇心」「自負心」「忍耐力」「回復力」**の4つが必要だとご紹介いたしました。

そして、プログラミングは、これら4つの要素を鍛えるのに向いています。

プログラミングというと、アルファベットが並んでいて難しいというイメージがあると思います。

ただ、実際に、小学生向けに使われているプログラミング言語は、ほとんどがビジュアルプログラミング言語というもので、日本語でプログラミングすることができま

す。

日本語でプログラミングができるため、プログラミングをしたことがない人でもプログラミングに触れることができます。

もちろんアプリを開発するといった高度なことはできませんが、教育の手段としては大変有効な言語です。

ここでは**プログラミングを使って、どのように「好奇心」「自負心」「忍耐力」「回復力」を鍛え、「エラーする力」を養うか**を説明していきます。

01

プログラミングがなぜ好奇心を引き出せるのか？

これまで述べてきた通り「エラーする力」を養うためには、４つの要素を鍛える必要があります。

そのためにはまず、手を動かさなければなりません。

先生は手が動くまで待って、そこから一緒に考える必要があります。

しかし、紙の上の勉強では、手がなかなか動かない子も少なくありません。

かつて国語の授業で記述問題が大の苦手な子に、「何でもいいから書いてみなさい」と言ったことがありましたが、最後まで何も書けませんでした。

字を書くのも嫌、間違えるのも嫌なので、紙の上ではなかなか手が動かないのです。

他にも漢字の練習をしたくない子に「なぜ漢字の練習をしないのか」と尋ねたところ、「間違えた時に消すのが面倒くさい」という答えが返ってきたことがあります。

こうした返事をする子は意外と多く、特有の返答ではありません。

では、タブレットで漢字の練習をするとどうなるでしょうか。

タブレットになれば消すのが簡単だからでしょうか。子どもたちは喜んで書きます。

「楽をするな」という批判はあるかもしれませんが、目的は苦労することではなく、漢字を覚えることです。

タブレットを使うと、積極的に勉強することができる子どもが多いのです。

こうしたツールを使うことによって、4つの力の一つ「好奇心」を引き出すことができます。


一方で、勉強を教えていると、先生の指示を待っている子どもがいます。
○を多くするために、先生の言う通りにする必要があるからです。
そこで、「次はどうすればいいですか」「何をしますか」と指示を待つようになります。

そうすると、自分で考えて動くことができない子どもになってしまいます。

ある子どもに「掛け算ってどうやって教わったの？」と聞いたところ、次のように答えました。

生徒：「お皿の上にりんごが4つあります。それが3皿あるので4×3だよ」

私：「それはどういう意味なの？」

生徒：「知らない。そうやって教わったから」

この生徒は掛け算を完璧にできます。九九を暗記しているので、「4×3＝12」だと覚えていますが、それが何を意味しているかは説明できません。

掛け算は足し算で表すことができる、ということがよく分からないという感じでした。

このようなことは、決して特別なことではありません。

掛け算以外でもたくさんあります。

また学校で、教わっていない解き方で解いたら「これでは駄目」と言われた子どももいます。

最近では塾に行く子が多いのですが、塾で過去に学習した解き方ではいけないと学校では言われたようです。

理由は「まだこの解き方は教えていないから」だったのですが、これは教えたやり方でしか解いてはいけないということを意味しています。

もちろんすべての先生が、このような指示を出しているわけではありません。

また、一人だけ違う解き方をしていると授業が成立しないということも理解できます。

ただせっかく頑張って解いたのに「この方法では駄目」と言われてしまうと、子どもたちはやる気をなくしてしまいます。

せめて「この方法でもいいが、今はこの方法で解いてみよう」という答え方をしてほしいものです。

だからといって、先生の指示を守らない方が良いというわけではありません。

先生が指示する、つまり先生が教えることと生徒が考えることをしっかりと区別することが必要になってくるのです。

ただ学校は、クラスの人数が多いのでそれぞれのレベルに合わせて教えることと、考えることを分けられません。

それを解決するには、どうしても民間の力が必要なのです。

ではプログラミングでは、どのように自分で考えて手が動くのでしょうか。

小学生が使っている言語は、先に紹介したビジュアルプログラミング言語です。

ビジュアルプログラミング言語は、視覚的にプログラミングができる言語で、世界的にも有名なのがＭＩＴが開発したスクラッチです。

スクラッチは各国の言語に翻訳されているため、日本語で書かれたブロックを組み合わせてプログラムできます。

そのため、先生が待っていると、子どもたちはよく分からなくても子どもたちはブロックを並べようとします。

結果として全く違うものであっても完成物があって、そこから何が違うのか、なぜこうした動きになってしまったのか考えることが可能になるのです。

そこで先生は一緒に考えます。

特に男の子は、ブロックをいろいろ組み合わせながら考えます。子どもたちは何かしら手を動かしているという状態になりますので、紙の前でぼーっとしていることはありません。

プログラミングもタブレット同様、「好奇心」を引き出します。違うブロックを使ってみようという意識がありますので、「回復力」や「忍耐力」も引き出せます。

そして、できるという自信がつけば「自負心」にもつながるのです。

02

「知識」と「考える」を分けると諦めない子どもが育つ

「エラーする力」を身につけるためには、「この問題は絶対できる」と諦めないで挑戦する「自負心」が必要です。

しかし、教える内容によっては何が分からないのか分からないし、何をしたらいいのかも分からないと言われることがあります。

ここで大切なのは、**「知識」と「考える」ことは分けておく**ことです。

例えば習っていない漢字について、「考えなさい」と言っても答えは出てきません。

まず知識と考えることを分け、知識については教え、考えるべきところは教えなくていいのです。

中学受験の算数では、書き出すことで答えが見えてくることもあります。

つまり考えればできるという問題です。

規則の問題はその典型ですが、どのような規則になっているのか、まずは書き出してみることが大切です。例えば次のような問題があったとします。

1時間おきに荷物が3つずつ増える魔法の箱があるとします。その箱には最初荷物が5個入っていました。17時間後には荷物は何個ありますか。

これは8、11、14、17…と数が増えていく問題です。

書き出していけば、答えに簡単にたどり着くことができます。これは考えればできる問題ですので、知識ではありません。そのため教える必要もありません。

ところが、自分のできるラインを勝手に引いてしまう子どもがいます。

「自分にはこの問題はできません」と、問題文を一回読んだだけで言ってしまうのです。

当たり前ですが、テストは、簡単に解ける問題ばかりではありません。

にも拘わらず、まず書き出してみようねと話しても、なかなかやりません。

そこで、こうしたなかなか手が動かない子どもには、スクラッチプログラミングをやらせます。

スクラッチプログラミングは、すでにブロックが用意されていますから、それを用いて挑戦することができます。

慣れてくれば、「こういう時はどうすればいいか」ということも分かるようになります。

もちろん、問題によっては難しくてなかなかできないこともありますが、上手に指導していくことで、「ここは考えたら分かる」という部分が増えてきます。

その際に、ブロックの上手な使い方などの知識は合わせて教えていきます。

例えば、正五角形を描く問題があります。

角度に関しては知識ですので教える必要があります。

しかし何度曲がるかが分かれば、あとは正五角形になるまで繰り返し実行していけばよいだけです。

さらに、星形はどうすればできるのだろう、と考えていきます。

そして、プログラミングで図形ができ上がると達成感があります。

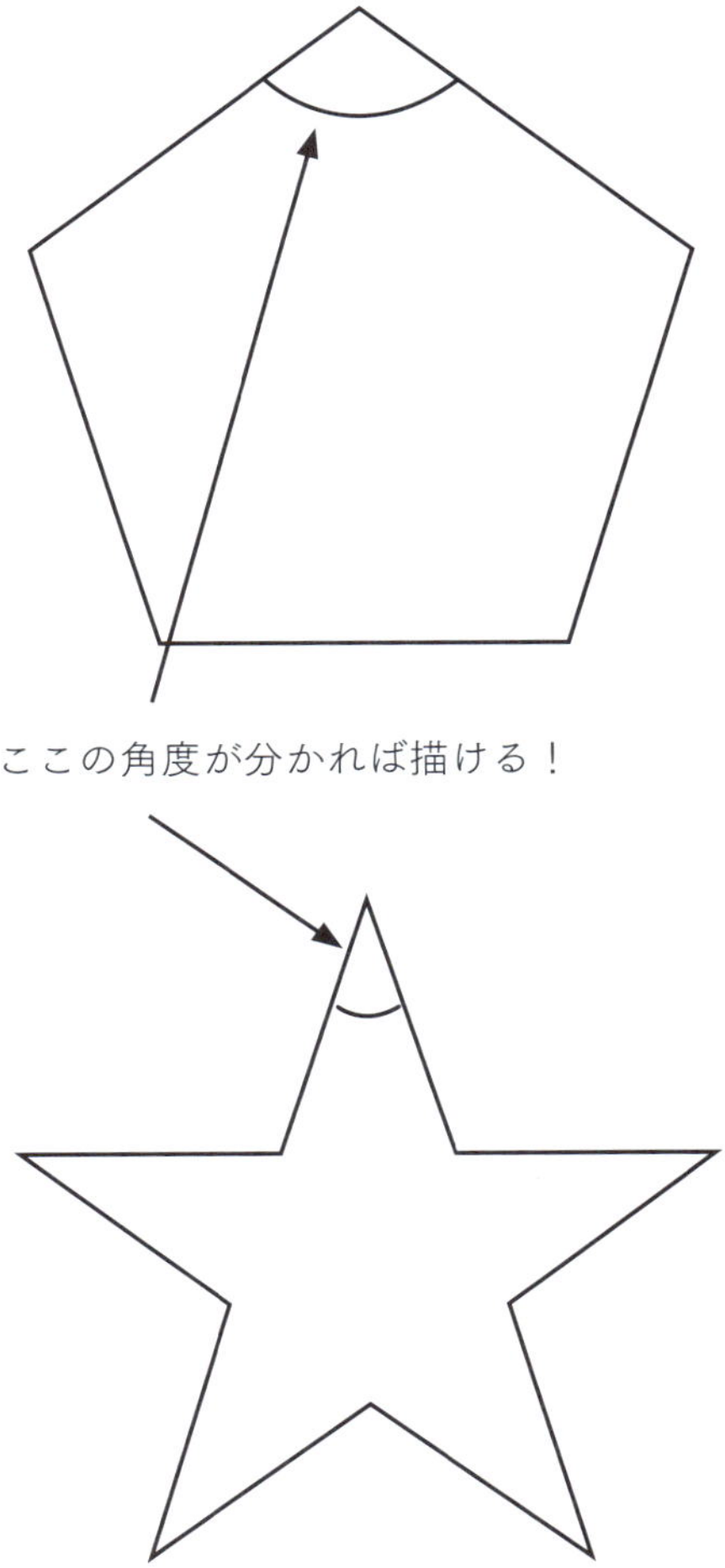

そうした小さな「わかる」が積み重なることで、失敗しても諦めないようになっていきます。そして自分に自信が持て、「自負心」が育っていきます。

コンピュータの場合、計算ミスというのはありません。

計算ミスで×になると子どもたちはやる気をなくすことが多いのですが、考え方だけがあっていればいいのですから、どう考えるかには挑戦できる子が多いのです。

こうしたやり方は「回復力」や「忍耐力」を引き出すことにも役立ちます。

03

プログラミングは間違いに寛容。だから子どもの「忍耐力」や「回復力」が育つ

プログラミングは、一度でできるということがほとんどありません。むしろ一度でできないことに意味があります。

先生や親は、子どもができなくても待ち続ける必要があります。それが、「忍耐力」や「回復力」を育てることにつながります。

プログラミング言語LOGOを作ったことで知られるシーモア・パパートは次のように述べています。

「コンピュータのプログラムを学ぶうえで一度でできるということは殆どない。プログラムの達人になるということは、「バグ」即ちプログラムがうまく働くことを妨げている部分を取り出し、訂正することに巧みになるということである。プログラムにつ

いて問題にすべきことは、正しいか間違っているかではなく、修正が可能かどうかという点にある」

また、別のプログラミング言語・スクラッチを開発するチームのリーダーを務めるミッチェル・レズニックは次のように述べています。

「子どもが創造的思考者として成長するのを助けるためには、子どもが安心して間違いを犯すことができたり、間違いから学ぶことができたりする環境を作り出す必要があります。それこそが、子どもがプログラミングを学ぶことにとても期待している理由のひとつです。他の多くの活動と比較して、**プログラミングは間違いに対して寛容です。（中略）プログラミングでは、行なったことを元に戻すのは簡単です。間違いから回復しやすく、修正を行いやすく、新たに試すことが簡単なのです**」

プログラミングを教育に生かすという考え方でいくと、「バグ」を直すという作業はプログラミングでしか学習できないことです。

プログラミングは実行すれば結果が分かるわけですから、実行結果から何がおかしいのかを考えていきます。

しかし、この「バグ」を探すという作業は、実はとても難しいものです。

なぜかというと、製作者本人に合っている（間違っていない）という思い込みがあるからです。

子どもたちも「どこがちがうの？」となりますが、先生や親とやり取りをしていく中で、「ここが違うかも」と言って直していきます。先生は答えを教えるのではなく、子どもが気づくまで待つ必要があるのです。

違うところを直して余計におかしな結果が出るということも少なくないのですが、この修正作業をするだけでずいぶんと頭を使っています。

そのため、すぐにできてしまう子よりも、たくさん間違えた子の方が「忍耐力」や「回復力」が鍛えられ、「エラーする力」が育つのです。

これが、プログラミングを教育で使う良さです。親は子どもが間違えても見守るようにしましょう。

04

プログラミングの答えはひとつではない。だから自分で考え、自分で行動できる子が育つ

プログラミングは、同じ課題でもさまざまな表現の仕方があります。

もちろん、より良いプログラミングというのはありますが、答えがひとつではないのは確かです。

そのためこれまでのように模範解答があり、それを先生が教えて、生徒はその通りに解くという授業は成立しません。

先生は課題を決定しますが、プログラムそのものは生徒が作り、分からないところを先生が教えていくという形です。

つまり、先生は子どもたちが作るのを待ち、一緒に考えるのが役割です。

これまでは先生の解答を真似すればよかったものが、今後は自分で考えて作らないといけなくなります。

小学生が自分で考えて作るというのは、思った以上に難しいものです。答えがひとつではないため、自由にプログラミングしてもいいと言ってもなかなかできません。

しかし、この壁を乗り越え、プログラミングを上手に使えるようになると、状況は一変します。

プログラミングに対する「好奇心」から、次は何をしようかと積極的にプログラミングをしようとし始めるのです。

自分でどのように作成すれば良いか考えて、分からないところだけ聞くようになります。

また、数学などの難しい内容でも、子どもたちはプログラミングの技術を使って答えを出しにいきます。

例えば、1000円を両替する際の組み合わせを出すプログラムを考えてみましょう。

使える硬貨は、500円玉、100円玉、50円玉、10円玉です。

ただしこの条件だと組み合わせの数が多くなってしまいますので、硬貨の枚数は上限15枚とします。

算数であれば500円玉2枚のときの組み合わせ、1枚のときの組み合わせ、0枚のときの組み合わせと考えていきます。

プログラミングでも同様の形でできますが、500×500円玉の枚数+100×100円玉の枚数+50×50円玉の枚数+10×10円玉の枚数=1000円というやり方でもできます。

その際に、枚数の上限をどうプログラミングするかも大切です。

どのようにプログラミングしても正しくできていれば、組み合わせの数は同じになります。

こうした**難しいことができるという自信が「自負心」につながり、「忍耐力」や「回復力」を育てることにもつながっていく**のです。

私たちがプログラミングを教える時は、どのようにプログラミングすればよいかを聞きながら、一緒に考えています。

そのため、子どもたちのプログラミングは同じ課題であっても、違うものであることが多いのです。

プログラミングの技術がある子は、次々に自分の考えを表現していきます。プログラミングが上達するために、時間がかかる子もいればすぐにできる子もいます。それは、どちらが良いかではありません。

最初は自分の考えを表現できなくて、「できない」と言っている子も、だんだんとできるようになっていきます。

私たちは、「これならできる」、そのプロセスを大切にしています。保護者の方もできたかできないかではなく、頑張っているところを褒めてあげてください。

05

「なんでできないの？」よりも「どこができていないのか一緒に考えよう」

授業でテストを受けたことのない人はいません。

テストで必要なのは、何ができていないかを理解することと、それをどのように改善するかの改善案です。

しかし、実際には×だけの指摘をされることが圧倒的に多い。

ある保護者の方の話なのですが、その方のお子さんが通っていた塾では毎回学習内容をご家庭に報告するノートがありました。

そのノートには、塾で行われたその日の学習内容が書かれているのですが、いつも（あなたのお子さんは）「〇〇ができませんでした」という内容ばかり。

しかも、できないところは、だいたい毎回同じですから、コメントもほぼ同じです。

しかし、「〇〇ができない」ということは、テストの結果を見れば一目瞭然です。

必要なのは、テスト結果から何ができていないかを理解し、なぜできないかを分析し、どうすればできるようになるのかを考えることです。

こうした流れを理解していなければ、子どもができるようになることはありません。

教育研究家の大村はまさんは、「教えることの復権」という本の中で、教師の分析力の必要性について、次のように述べています。

「たとえば漢字に限って見てみましょうか。子どもの漢字の間違いというのは種類としてそんな多くないですよ。全然わからないという人がいるでしょう、それ以外に、全然違った別の字を平気で書く、よく似た字を書いてしまう、音が同じ字を間違えてしまう、意味が似ていると書いてしまう、偏やつくりといったことが苦手なために間違える、点ひとつ足りなくて間違える、そんなところでしょうか。

そういう分析がちゃんと教師の側にあって、テストはその判定のために出題されるのでなければならないということです。この病気を持っているのは、クラスの誰と誰だ、それを診断するために問題を作っている。それが教育のなかでの評価ということ。

そういう評価でなければ、教育のなかで生きてこないですよ」

（『教えることの復権』筑摩書房）

ただ、こうしたことができないことを先生だけの責任にしてはいけません。学校、塾、そして私たち親がどうすべきかを考えていく必要があります。

また、受験ということを考えた場合、偏差値はとても重要な意味を持っています。偏差値が低いよりは、高い方が良いという考えは、ほとんどの方が持っていることでしょう。

ただ偏差値は、模試によって変化が大きいのも事実です。偏差値にとらわれすぎて、「今回は良かった」「今回は悪かった」で終わってしまわないようにすることが大切です。

偏差値は上下しますし、あくまでも現在の偏差値です。

ですから偏差値に一喜一憂するのではなく、今回はなぜ偏差値が低かったのか、逆になぜ今回は高かったのか、その分析をしっかりとすることです。

もちろん、保護者の方からすれば、偏差値が下がれば心配になってしまうことはよく分かります。

そんな時は「こんな偏差値で受かるの？」と言ってしまいそうになりますが、そこはグッとこらえましょう。

そして、**「どこができていないか考えよう」と、一緒にできていないところを探してみる**ことです。

「なんでできないの？」よりも、よほど効果的です。

このように、勉強の場合、テストをすることでその子が今どのような状況か把握できます。

そして、できなかったところを分析して、できるようにするという作業をしていきます。

一方で、プログラミング学習からのアプローチは全く異なります。

プログラミングを教えていてとても面白いのは、**生徒の頭の中が「見える化」できる**ことです。

もちろんある程度できるようになってからなのですが、どのように問題を考えているのか分かるのです。

これは紙の上での勉強では、分かりづらいところです。

例えば国語は文章を要約させることで、何をどのように読んでいるのか分かるのですが、算数ではなかなか分かりません。

しかし、プログラミングは答えを導き出す過程が見えます。

そしてその答えはひとつではないので、子どもたちはよく考えて答えを出そうとします。

中には、全然違うプログラムを作っている子どももいます。

それは問題を読み間違えているからなのですが、プログラミングを見れば、どのように読み間違えているのかが分かります。

また、答えが出力されないプログラムでもどのように考えているのかが見えるのです。

私たちの教室では算数をプログラミングするのですが、ひっ算をプログラミングすると「繰り上がりって何なの？」という話になる子どもが多いのです。

もちろん計算そのものはできるのですが、覚えているだけでその仕組みが理解できていない子どもが多いのです。

しかし、プログラミングすることでひっ算のしくみを理解できるようになります。

このように**紙のテストよりも、どこを考え間違いしているのか、なぜそうなったのかが見えやすいのがプログラミングの良さです。**

そのできない内容に沿って適切な指示が出しやすいのも、プログラミング教育の利点のひとつです。

06

プログラミング教育では小学生が大学入試の問題も解けるようになる

子どもに勉強を教えていると、「何をすればいいの？」と聞かれることがあります。

そこで、「自分で考えなさい」と突き放してもなかなか難しく、子どもの手は止まってしまいがちです。

しかし、プログラミング教育の場合、実行すればすぐに結果が分かります。

例えば、このような階段の図を描くという問題があったとしましょう。

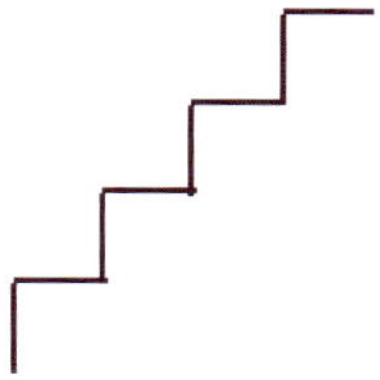

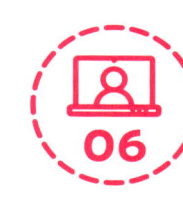

この図は、プログラミングでは右90度回転と左90度回転を交互に繰り返すことで描くことができますが、子どもから最初に出てくるのは「分かりません」という言葉です。

しかし、小学校一年生くらいの子どもが「右かな、左かな」と考えながらすぐにプログラミングできるケースも少なくありません。

つまり、知識ではないのです。

中には、渦巻きみたいになってしまう子どももいます。

そうした場合、どこを直せばいいのか一緒に考えます。

時にはヒントも与えつつやるので、子どもたちのプログラミング能力はぐんぐん上昇していきます。

先生はまさにコーチのような存在で、横について子どもたちにアドバイスをする役です。

私は子どもたちに、「先生に聞く前に実行しなさい」とよく言っています。

実行すれば、それが間違いなのか正しいのかが分かります。

「先生、次は何をすればいいですか」とか「先生、これは合っていますか」と聞く必要はありません。

どんどん実行して、「バグ」を発生させればよいのです。**間違えれば間違えるほど賢くなる**のが、プログラミングです。とても面白いですよね。

こうした試みは、私たちの教室だけで行われているわけではなく、小学校の現場でも行われています。

例えば立命館小学校では、すでにプログラミング教育を導入していますが、そこで大切なことを次のように述べています。

「今の世の中では、『これがしたい』といえば、『ここにあるよ』と誰かが教えてくれるでしょう。しかし、大人になると、自分で問題を解決しなくてはいけません。その能力を育むには、何かをしようと思ったときに、自分から学び、どうしたらいいのかを考え続ける癖がつくような場面を、プログラミング教育を通じてつくってあげる必要があると感じています」

確かに社会人になってから、人に聞いてからしか動けないようでは困ります。問題を解かせるとすぐに「次は何？」「どうすればいい」と聞いてくる子どもではなく、「考える癖」のある子どもを育てるためには、プログラミング教育は最適です。たとえ失敗したとしても、繰り返し挑戦できるのがプログラミングの良さです。

また、プログラミング教育をしていて感じる従来の教育との違いは、**考えるところと教えるところを区別しやすい**ということです。

もちろん普段の授業でも、こうした区別はできます。

国語の授業でも、文章の要約は教えるところではなく、考えさせるところです。しかし、算数ではどこまで教えればいいのか、難しい部分もあります。

例えば規則の問題が分からないとなった場合、規則を教えるのはほとんど答えを教えるようなものなので、規則を教えないでヒントを出すのは難しいのです。

一方、プログラミング教育の場合は、生徒に教える部分は、知らないこと・できないこと、つまりは知識の部分です。あとの部分は、考えるだけです。

たとえば算数の問題のプログラムを作成する場合、条件を順番にプログラミングしていくと答えが出る問題があります。

次のような問題です。

「10から99までの数字を、その数と同じ数をかけて計算します。その数と同じ数をかけた時に、答えの下2桁がかける前の整数と同じになる2桁の整数を探そう」

こちらは数学の問題として解くと、1桁の同じ数字を掛けて、答えの1の位が同じものを探して……と場合分けしていくわけですが、これは小学生でもできる子とできない子がいます。

しかし、プログラミングであれば、10×10、11×11、12×12……と掛け算を繰り返していき、その答えの下二桁が掛ける前の整数と同じになる時の数字を答えればよいだけです。プログラミングとしては、本当に単純なものになります。

この場合、数字が10、11、12……と増えていくわけですから、そのやり方を理解しさえすればできます。

ただ「下2桁」は知識です。「下2桁」を知らない子どもには教えます。

これはプログラミングでは変数を使うのですが、小学生は変数を理解するまでに時間がかかります。そのため変数の使い方も知識として繰り返し教える必要があります。ここは学習していく過程で身につけていくものなのですが、どうやって考えればいいかと分からないでストップしてしまうということはありません。

このようにやっていくと、大学入試の問題でも解けます。

本来は紙の上で解かないといけないのですが、「すごい、大学入試の問題も解けたね」と声掛けすると、子どもたちもうれしそうです。

難しい問題も挑戦すればできるということが分かれば、失敗しても挑戦するという力が鍛えられて、「エラーする力」が養われます。

繰り返しになりますが、プログラミングは答えがひとつではありません。

そのため自分で考えたことを表現できるという自由度があります。

また、先生も自分がやっていないプログラムを作成する子どもたちに出会うと、素直に「すごい」と認めることができます。

課題を与えることは必要であり、先生の指導も大切ですが、子どもたちが自分でプログラムを作成していると思うことができれば、「自負心」が鍛えられ、「エラーする力」が育ちます。

プログラミング教育の場合、先生は前にいて一方的に教えるだけでは成立しません。先生は前にいるのではなく、横にいるコーチのようにふるまうことになります。コーチですから、各自の進行状況、定着状況に合わせて指導をしていきます。さらに考えさせる必要もあり、頑張らせる必要もあります。

加えて、実際に自分が作ったプログラムを子どもたちに示す必要もあります。「先生、こんなプログラムどうやって作ったの?」と聞かれる場合もありますし、その時にはプログラムの中身を見せます。中には、そのままマネする子もいますが、自分で改良して新しいプログラムにする子も少なくありません。

保護者の方は頑張って作ったねと褒めてあげてください。またお子様が作ったゲームで遊んでみてください。お子様は操作の仕方を一生懸命教えてくれます。

07

プログラミングをできる子どもはこうして勉強もできるようになっていく

プログラミング教育は、４つの要素を鍛え、「エラーする力」を育てるために有効な手段です。

それは今後の入試にも役立ちます。

まず、直接的には大学入試にプログラミング試験が検討されていることがあげられます。

例えばプログラミング教育を推し進める安倍総理は、「人工知能、ビッグデータなど、ＩＴ技術、情報処理の素養は、もはやこれからの時代の読み書きそろばんではないだろうか」と述べています。

ということは、プログラミングが大学入試の科目と出題される可能性は十分ある、と私は睨んでいます。

また、千葉大学は、プログラミングが得意な17歳が飛び入学できる制度を開始する、と発表しました。

こうしたプログラミングの得意な生徒が、その能力だけで大学に進学できてしまうという動きは、今後も加速していくことが予想されます。

また、こうした動きは大学入試だけではなく、中学入試にも出てきています。

例えば大妻嵐山中学では、「ＯＲみらい力プレゼン入試『プログラミング入試』」を実施しています。

この入試では、「企画・創造する力、相手に説明する力、プログラミングを楽しむ力」を測ることを目的としており、「あらかじめ、Scratch Jr（スクラッチジュニア）やScratch（スクラッチ）、pyonkee（ピョンキー）など（ほかの言語でもＯＫ）のプログラミング言語を使って作成したプログラムについてプレゼンテーション」する入試です。

こうした入試を導入した理由として、大妻嵐山中学校の真下校長は、「知って、考えて、工夫して、次の行動に移していく。そんな力を試験の中で見ていきたいと思って」と述べています。

また、高校では2022年度から共通必履修科目に「情報Ⅰ」を設立し、全員がプログラミングを学ぶことが決定しています。

これまで選択科目であった「情報」が必修になることで、入試でもプログラミングについての問題を出しやすいと考えられます。

小学校の時からプログラミングに親しんでいれば、こうした高校の動きにも対応できるはずです。

このように、プログラミングを学ぶことは、勉強や試験にも役立ちます。

プログラミング教育で「エラーする力」が身につき、失敗を恐れずに何事にも挑戦できるようになれば、自然と勉強ができるようになっていきます。

当プログラミング教室でも、それまで全く勉強しなかった子どもがプログラミング

をきっかけに勉強するようになり、成績が向上しました。

これまで「漢字なんて何で勉強するの？」と言っていた子が漢字の勉強をするようになり、テストで合格点が取れるようになりました。


成績が良くなれば楽しくなり、自信にもなります。

こうした好循環によって子どもは、プログラミングだけでなく、勉強もできるようになっていきます。

Power of Error

4章

ＡＩ時代に
幸せになる子が通う、
すごい
プログラミング教室

00

２０２３年、プログラミング教室は１万教室を超える！

プログラミング教室の数はかなり増えてきており、船井総研の調査によれば２０１８年時点で、全国に約４４５７教室あるといわれています。今後もさらに増えていき、**２０２３年には２０１３年の約15倍の１万１１２７教室に達すると予測されています。**

プログラミング教室は大きく分けて二つあり、ビジュアルプログラミング言語を使ったプログラミング教室と、ロボットを使ったプログラミング教室があります。ロボットを使ったプログラミング教室の方が手軽に始めることができますので、今のところ、そちらの方が多くあります。

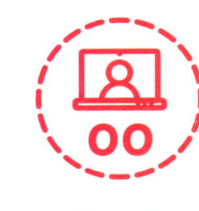

こうした中で、私たちのプログラミング教室はプログラミングを教育として使うことを目的に、2016年6月にスタートしており、現在も多くの方に通っていただいております。

ここでは、私たちのプログラミング教室に通っていただいているお子様と保護者の方の感想、さらにはプログラミング教室で使っている問題を紹介します。

Power of Error

01

子どもたちにとって、プログラミング教室はこんなに楽しい

先ほどプログラミング教室は、ロボットプログラミング教室とビジュアルプログラミング言語を使ったプログラミング教室に分けられると述べました。

ただ、ビジュアルプログラミング言語といっても、さまざまな言語があります。

私たちの教室では、その中でもスクラッチというビジュアルプログラミング言語を使っています。

ビジュアルプログラミング言語は、ブロックを組み合わせることでゲームなどの作品が作れるなど、小学生でも簡単にプログラミングができます。

また、スクラッチはひらがなで書かれていますので、小学校低学年でも挑戦できま

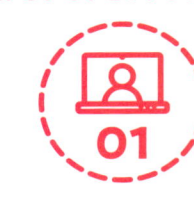

す。

さらに世界各国のユーザーが作品をネット上に公開していますので、面白い作品で遊んだり、中のプログラムを見て勉強したりすることもできます。

私たちの教室に通ってくれている子どもたちも、スクラッチが好きで、スクラッチの公式サイトの作品を研究している子どももいます。

現在、スクラッチ3・0も開発中で、間もなく、タブレットでもスクラッチが操作できるようになります。

スクラッチはNHKの「why!? プログラミング」という番組でも使われており、NHKの番組を楽しみながら、スクラッチに触れている子どももいます。

この番組では、子どもたちの作品も紹介されており、「小学生でこんな作品が作れるの？」という素晴らしい作品もありますので、ぜひご覧になってみてください。

現在、プログラミング教室というとノートパソコンやタブレットが多いのですが、私たちの教室ではラズベリーパイを使用しています。

ラズベリーパイとは、イギリスのラズベリーパイ財団によって開発された教育用コンピュータです。

ラズベリーパイを使った電子工作もできますし、SDカードを差し込むだけでそれぞれの環境が立ち上がります。

SDカードをなくさないように管理するのも、リテラシーとして必要です。

また、ブロックを設置して冒険に行くゲーム「マインクラフト」がインストールされており、スクラッチでも動かすことができます。

もっとも、子どもたちはみんなで同じ画面に入って、マインクラフトを楽しむことに夢中です。

こんな小さなもので、コンピュータになるなんて面白いですよね。

実は、お子様よりも保護者の方が感動してくれます。特にエンジニアの方には「これこそがコンピュータだ」と喜んでいただけます。

また、子どもたちの中にはラズベリーパイを、ノートパソコンのようにして使っている子もいます。

このように、パソコンを自分で作るのも楽しいですよね。

作るといってもすでに基盤はありますので、組み立てるだけなのですが、それでも自分のパソコンを作る作業は、小学生にはとても新鮮です。

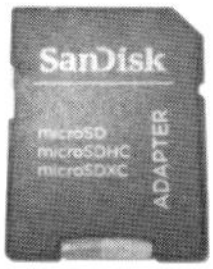

SD カード

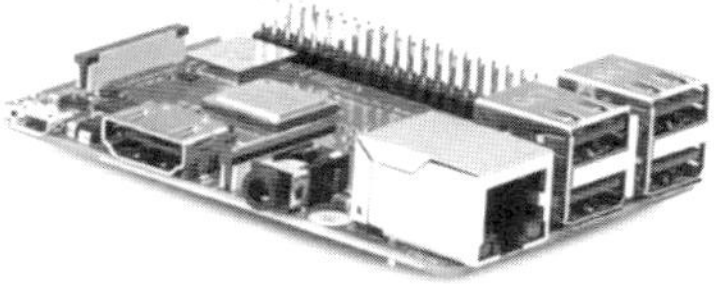

ラズベリーパイ

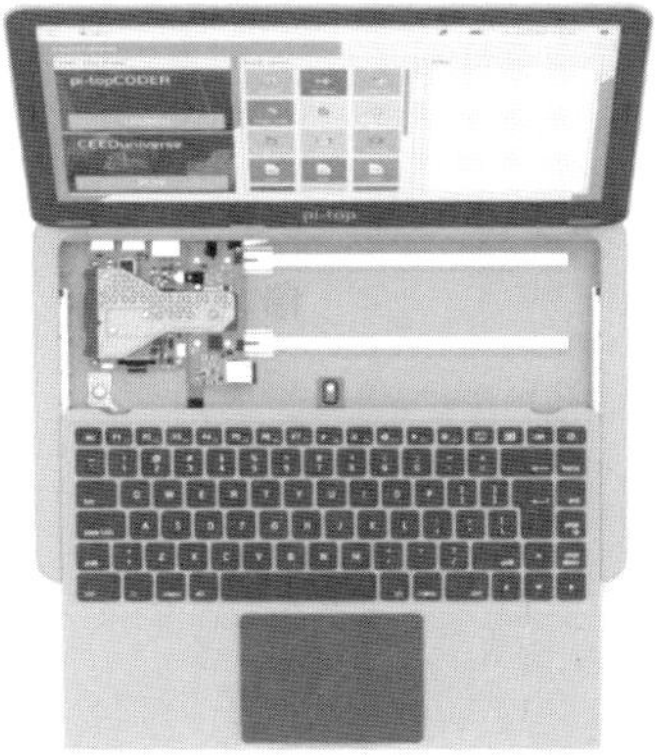

ラズベリーパイを組み込んで、ノートパソコンのようにして使えるキット

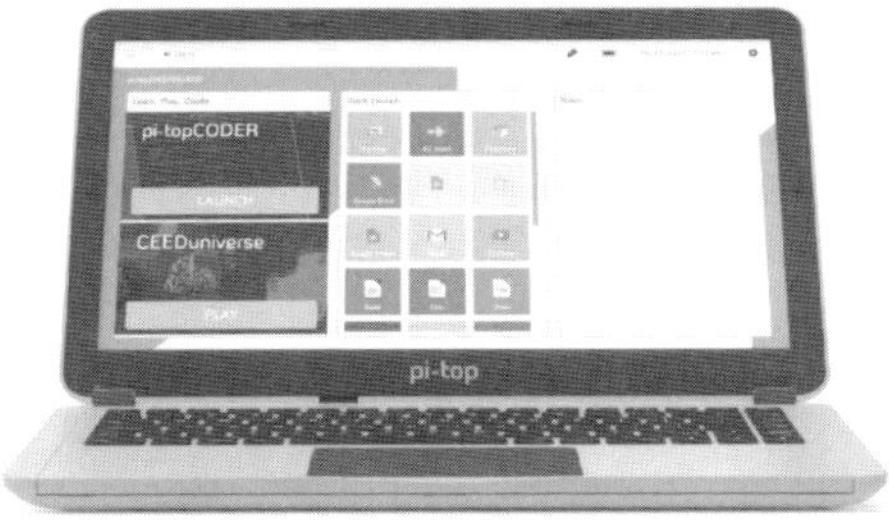

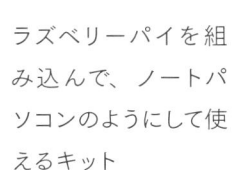

他には、ボードゲームを使ったプログラミングもあります。

夏休みにボードゲーム講座を開きましたが、なかなか難しく苦戦する子どもたちも多くいました。

当教室では、スクラッチプログラミングとラズベリーパイでプログラミングをしていますが、教室によってさまざまですので、何を使っているのかはお近くの教室に問い合わせてみるのが良いでしょう。

02

プログラミングをやってみた生徒の感想

次は、実際に教室に通っている生徒の感想をご紹介いたします。

プログラミングには難しいところもあるのですが、「エラーする力」をつけるべく、頑張っているところがうかがえます。

①谷口逸之丞くん

――学校の勉強は好きですか？

はい

――学校の勉強とプログラミングは何が違いますか？

プログラミングはパソコンを使うけど、学校は紙とペン。学校はマインクラフトができない。

――プログラミングは何が楽しいですか？

スクラッチを使って1つ1つ組み立てるのが楽しい。

――これからプログラミングでやりたいことはありますか？

バルディー先生のゲームが作りたい。縄跳び娘とか。

②H・Aくん

――学校の勉強は好きですか？

どちらでもない

――学校の勉強とプログラミングは何が違いますか？

プログラミングは面白いのが作れるから学校の勉強より三倍楽しい

――プログラミングは何が楽しいですか？

自分で作ったゲームで遊べる事

――これからプログラミングでやりたいことはありますか？

マインクラフトみたいなものや迷路とかのゲームを作りたい

③伊藤悠貴くん

——学校の勉強は好きですか？

はい

——学校の勉強とプログラミングは何が違いますか？

プログラミングはパソコンで、学校はタブレット

——これからプログラミングでやりたいことはありますか？

算数と国語

④H・Sくん

——学校の勉強は好きですか？

どちらでもない

——学校の勉強とプログラミングは何が違いますか？

プログラミングは少人数なので先生に質問しやすい

——プログラミングは何が楽しいですか？

イベントでゲームを作れるところ

——これからプログラミングでやりたいことはありますか？

もっと色々なゲームを作りたい

⑤尾崎漣くん

——学校の勉強は好きですか？

はい

——学校の勉強とプログラミングは何が違いますか？

勉強の仕方

——プログラミングは何が楽しいですか？

パソコンをいじっているのが楽しい

——これからプログラミングでやりたいことはありますか？

ゲーム作り、ロボットも作って動かしたい

03 子どもをプログラミング教室に通わせてみたら、こうなった

保護者の皆様から送っていただきました感想です。
そのままご紹介します。
プログラミング教室に通うかどうか考え中の方は、参考にしてみてください。

①小２男子の保護者様

――プログラミング教室に入会するきっかけは？

学校教育とは違うアプローチでプログラミングを身につけて欲しいと考えたため。

――プログラミング教育に期待することは何ですか？

自分の力でプログラムの構築ができるようになること。既存のゲームやアプリに支配されないために、全てはプログラミングによってできていることを理解して、それ

をつくる考え方や技術を学ばせてほしい。

——お子さまの変化（あれば）

ｄボタンを利用してテレビ視聴をしている時、自分の送信によって起きたテレビの反応を見て「○○したら△△するってプログラミングされてるんだ」と新しい視点を発見した。

②M・T様

——プログラミング教室に入会するきっかけは？

元々プログラミング教室を探していたのですが当時年中さんだったため断念。しばらくして保育園時代の知り合いママさんが年長さんで通ってＯＫということを教えてくれたので体験に行ったのがきっかけ。

——プログラミング教育に期待することは何ですか？

思考の整理力。シンプルに考えられる力。論理的思考力。多様なパターンの発想力や問題解決能力。

——お子さまの変化（あれば）

教室に行くこと自体を楽しんでいて、プログラミングは好きだと言っています。

――その他

まだ低学年で、思考力をはかることは難しいですが、何より本人が行きたい場所になっていることが良いことだと思っています。この楽しい経験の積み重ねが、抵抗無く考える力を養っていってくれていたらと期待してします。

③C・A様

――プログラミング教室に入会するきっかけは？

今後あっても良い知識かと…息子に聞いたら体験してみたいと言ったから

――プログラミング教育に期待することは何ですか？

息子の将来に役に立てば嬉しいです

――お子さまの変化（あれば）

ゲームを作るのが楽しいと言っている

④伊藤ゆり子様

――プログラミング教室に入会するきっかけは？

言語習得を感性で、習得をできる年齢のうちに、プログラミング言語に触れさせたいと思ったから。

――プログラミング教育に期待することは何ですか？

好きなこと（好きな分野の業務）をシステム化するアルゴリズムが考えられること。

⑤小４男子の保護者様

――プログラミング教室に入会するきっかけは？

友達の紹介

――プログラミング教育に期待することは何ですか？

文の組み立てを理解し考えてアウトプットする力を養ってほしいと思い入会しました。

――お子さまの変化（あれば）

まだ半年たってないので目に見えての変化は感じられませんが、楽しく通っている姿を見て期待が膨らみます。

⑥R・K様

――プログラミング教室に入会するきっかけは？

マインクラフトが大好きだったので、可能性を伸ばしたいと考えました。

――プログラミング教育に期待することは何ですか？

ＩＴ知識と国語力・読解力の向上

――お子さまの変化（あれば）

親が何も言わなくても勉強しています。言葉の理解力も向上したように感じます。

⑦H・M様

――プログラミング教室に入会するきっかけは？

２０２０年から学校で正式科目になるので

――プログラミング教育に期待することは何ですか？

ロジカルシンキングを身につける

⑧N・T様

――プログラミング教室に入会するきっかけは？

ネットで調べて見つけました。

――プログラミング教育に期待することは何ですか？

物事の処理について順序立てて考えられるようになること。構造化されたプログラムの美しさに感動すること。コンピュータに使われるのではなく、自分がコンピュータを使いこなせるようになること。

――お子さまの変化（あれば）

少しずつですが、物事を論理的に捉えられるようになってきたと感じます。

⑨M・S様

――プログラミング教室に入会するきっかけは？

お友達が通っていたから

――プログラミング教育に期待することは何ですか？

考える力を身につけてほしい

⑩Ｅ・Ｈ様

――プログラミング教室に入会するきっかけは？

息子がプログラミングに興味があったことが大きいですが、この教室だったら通う！と言ったことが大きな決め手になりました。

――プログラミング教育に期待することは何ですか？

国語力

――お子さまの変化（あれば）

自宅から一時間以上かかりますが、楽しく通っています。夏休みの自由研究も、自分でプログラミングにすると決めました。あまり自己主張しない性格ですが、プログラミングは大きな自信になっていると感じました。

04

プログラミングの問題例

ここでは当教室で実際に使っている問題例とプログラミングの解答例を掲載しています。

ご自宅でも簡単にできますので、スクラッチのホームページにアクセスしてプログラミングに挑戦してみてください。

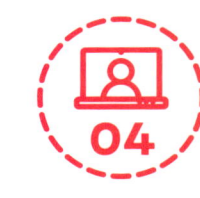

（1）図をプログラミングしてみよう

①階段

どちらに何度回転すれば良いか考えてみましょう。

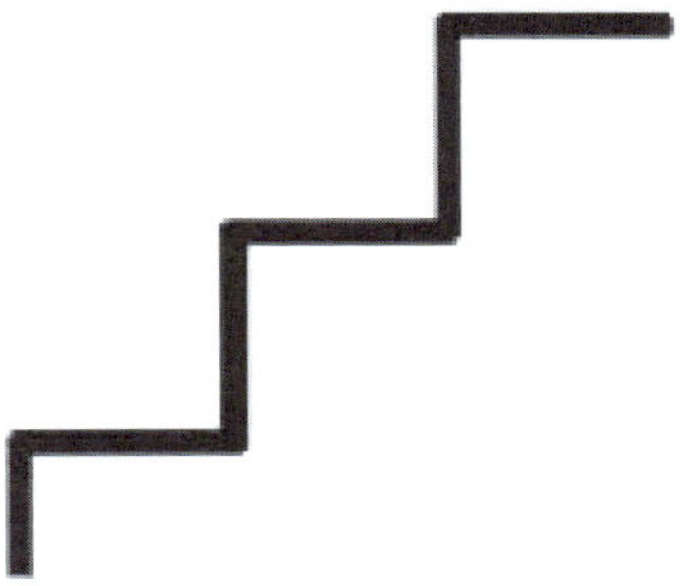

スクラッチプログラミング解答例

＊「1びょうまつ」は無くても大丈夫です

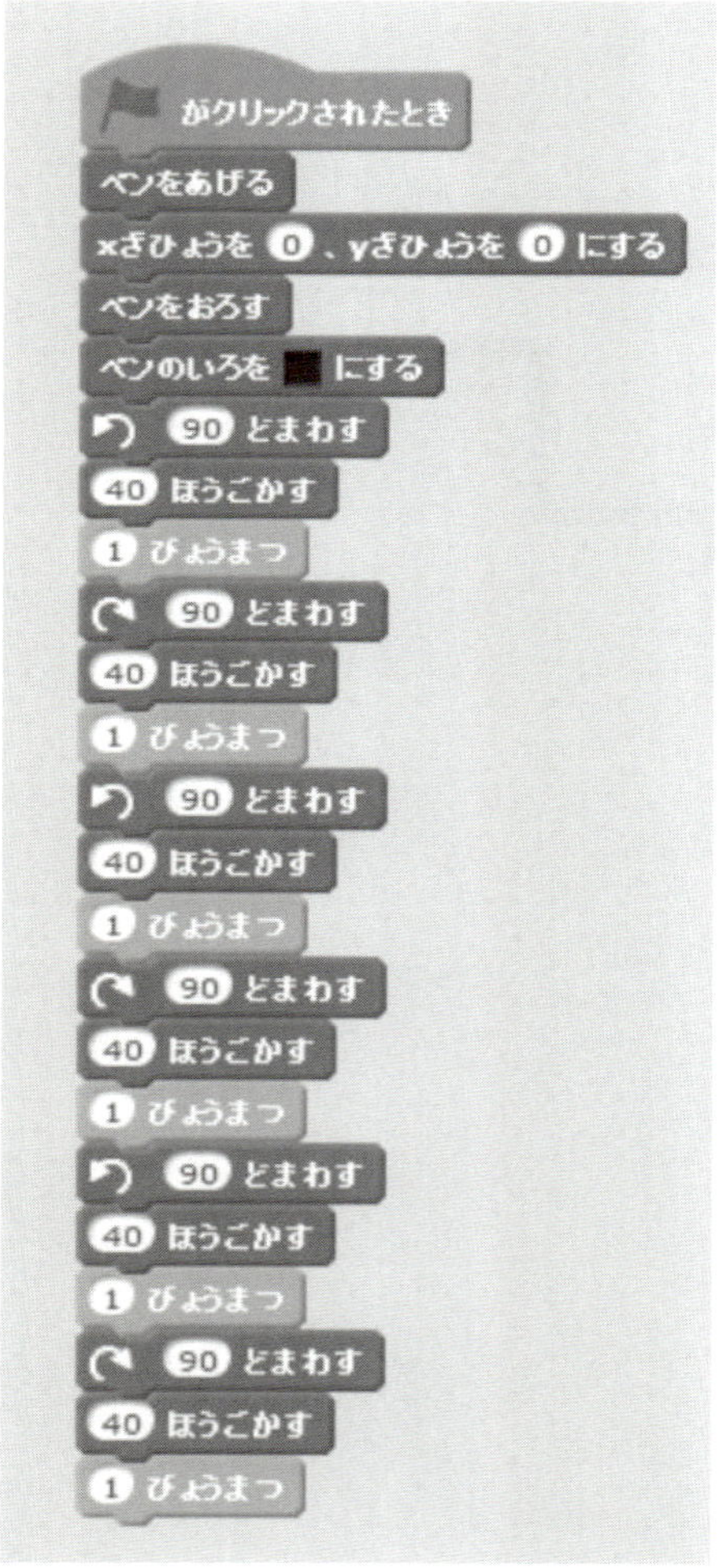
がクリックされたとき
ペンをあげる
xざひょうを 0 、yざひょうを 0 にする
ペンをおろす
ペンのいろを にする
90 どまわす
40 ほうごかす
1 びょうまつ
90 どまわす
40 ほうごかす
1 びょうまつ
90 どまわす
40 ほうごかす
1 びょうまつ
90 どまわす
40 ほうごかす
1 びょうまつ
90 どまわす
40 ほうごかす
1 びょうまつ
90 どまわす
40 ほうごかす
1 びょうまつ

②十字架型

階段の応用編です。

階段を参考にして、どのように回転していけば良いか考えてみましょう。繰り返しを使うと簡単にできます。

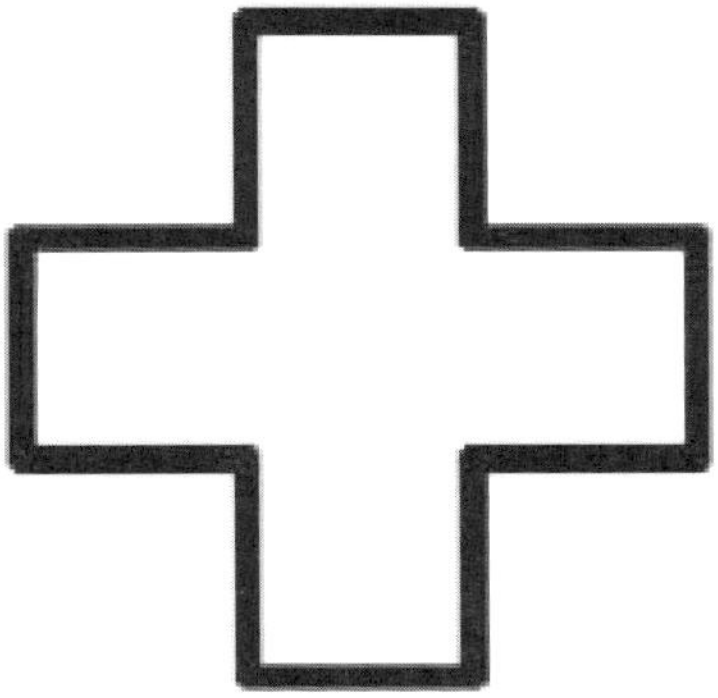

スクラッチプログラミング解答例

＊「1びょうまつ」は無くても大丈夫です

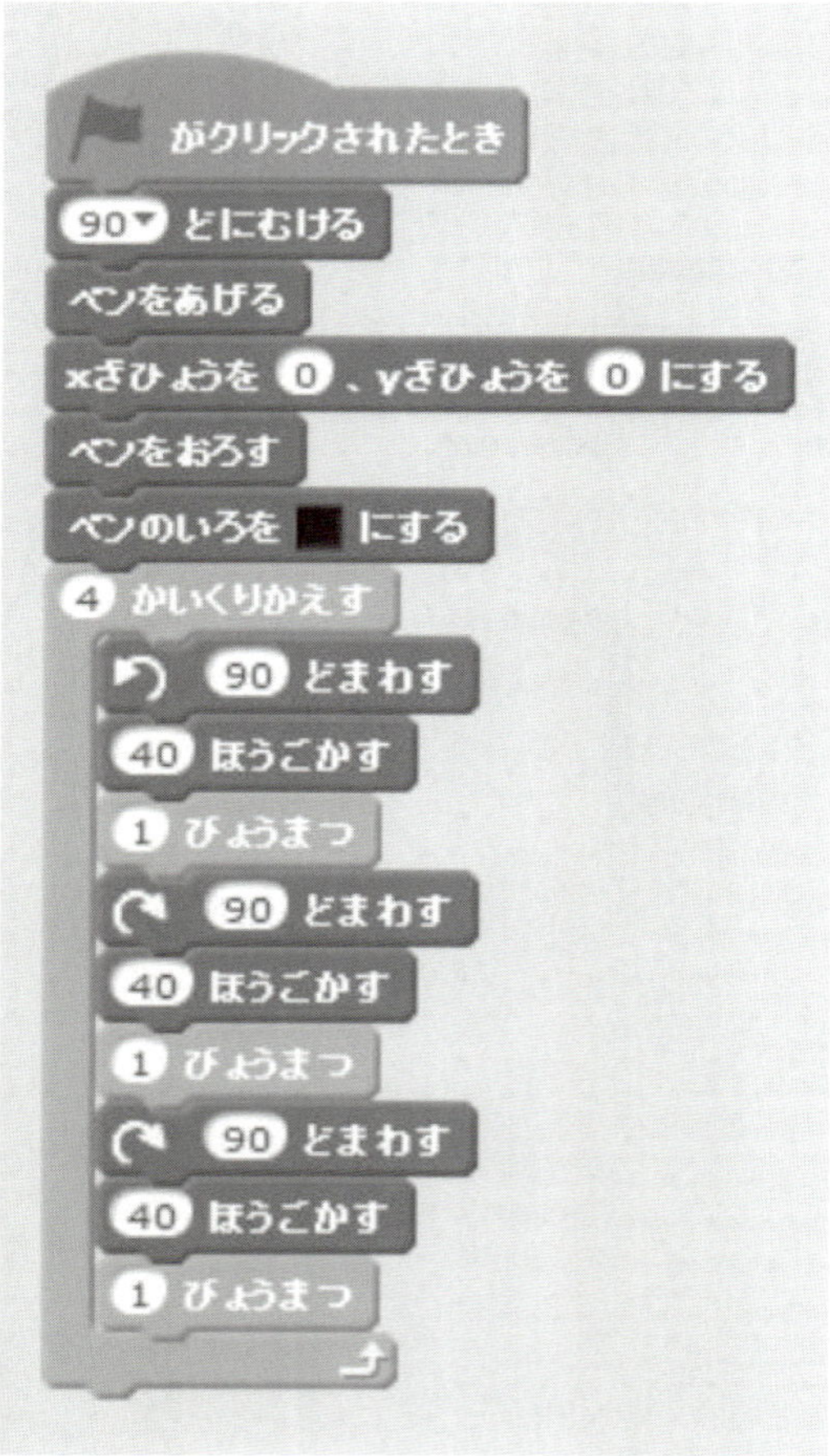

③四角形の帯

階段と十字型の応用です。

このように帯の形にするにはどうすれば良いでしょうか。繰り返しを上手に使ってみましょう。

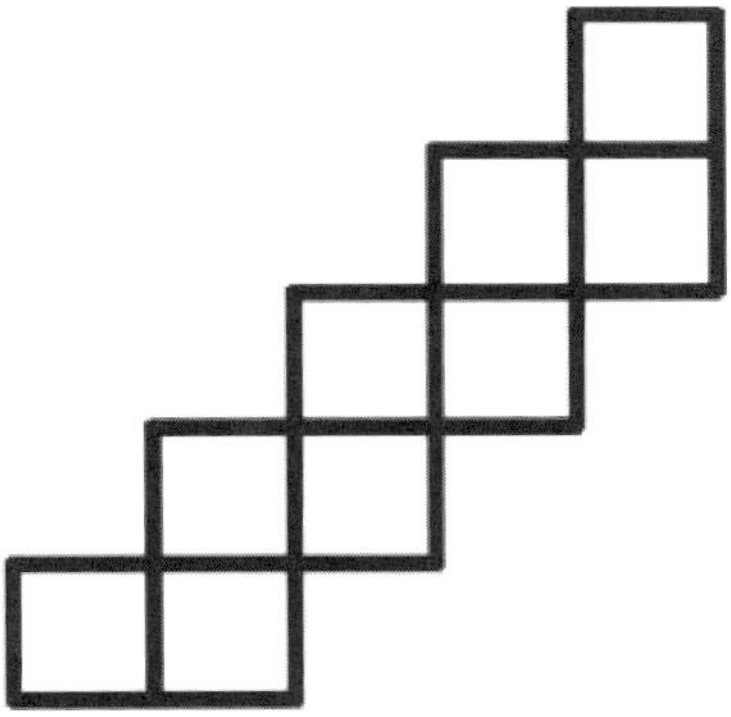

スクラッチプログラミング解答例

＊「1びょうまつ」は無くても大丈夫です

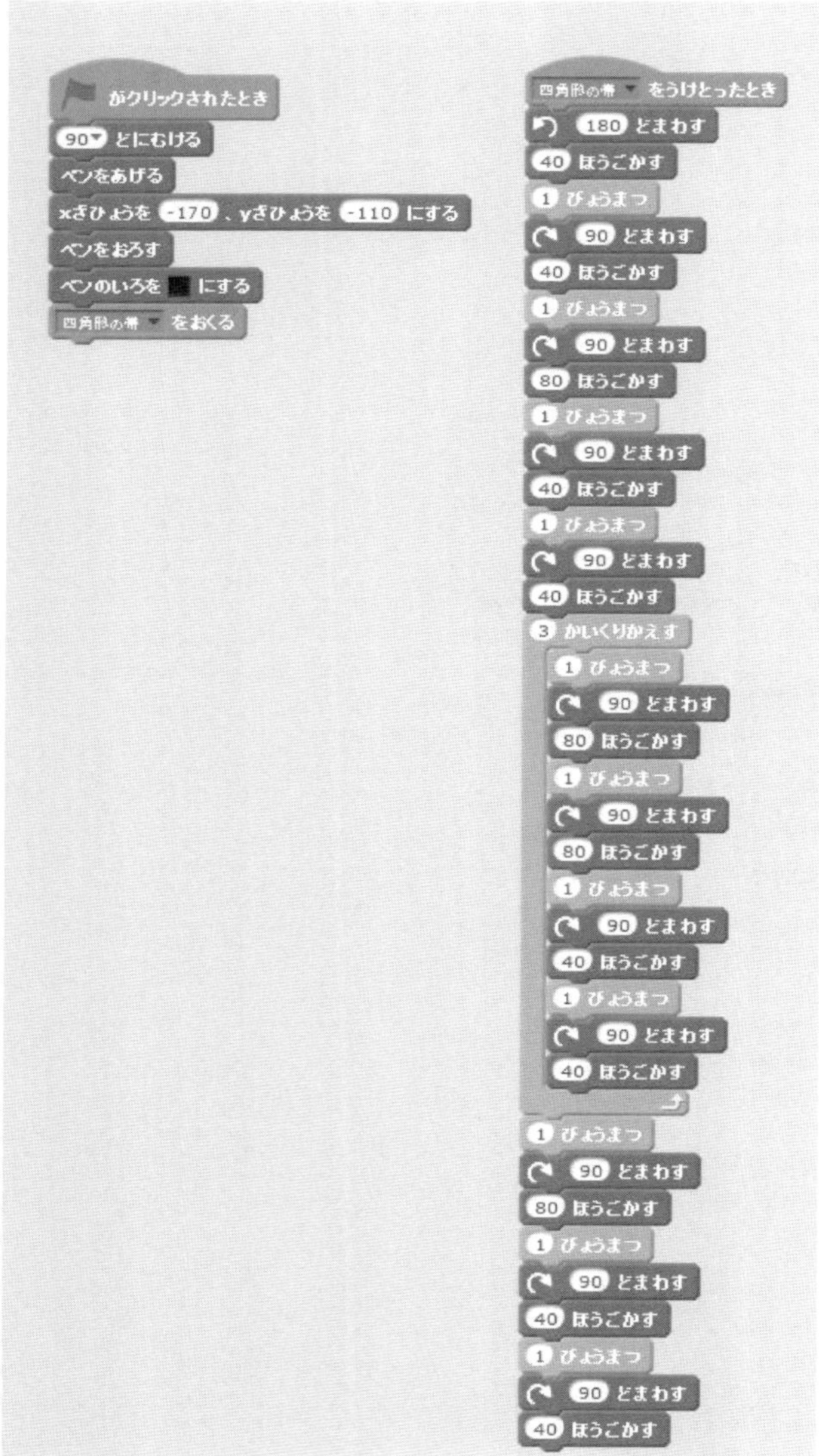
がクリックされたとき
90 どにむける
ペンをあげる
xざひょうを -170 、yざひょうを -110 にする
ペンをおろす
ペンのいろを にする
四角形の帯 をおくる
四角形の帯 をうけとったとき
180 どまわす
40 ほうごかす
1 びょうまつ
90 どまわす
40 ほうごかす
1 びょうまつ
90 どまわす
80 ほうごかす
1 びょうまつ
90 どまわす
40 ほうごかす
1 びょうまつ
90 どまわす
40 ほうごかす
3 かいくりかえす
1 びょうまつ
90 どまわす
80 ほうごかす
1 びょうまつ
90 どまわす
80 ほうごかす
1 びょうまつ
90 どまわす
40 ほうごかす
1 びょうまつ
90 どまわす
40 ほうごかす
1 びょうまつ
90 どまわす
80 ほうごかす
1 びょうまつ
90 どまわす
40 ほうごかす
1 びょうまつ
90 どまわす
40 ほうごかす

（2）1から10まで足してみよう

１＋２＋３＋…＋10でもできますが、これだと電卓と同じですよね。

繰り返しを使うことで、１〜10までの足し算だけでなく、１〜１０００００までの足し算も簡単にできます。

スクラッチプログラミング解答例

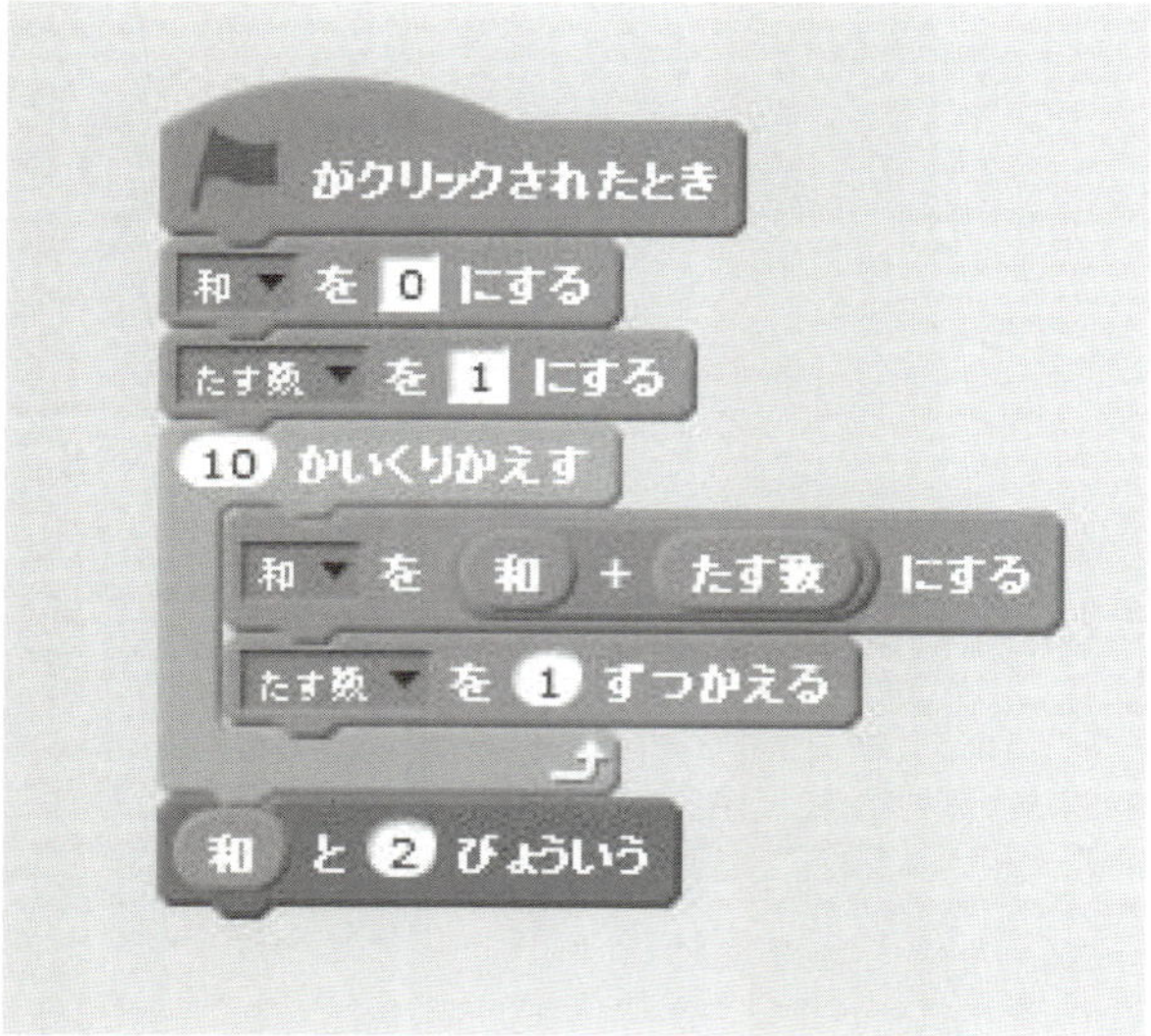
がクリックされたとき
和 を 0 にする
たす数 を 1 にする
10 かいくりかえす
和 を 和 + たす数 にする
たす数 を 1 ずつかえる
和 と 2 びょういう

おわりに　～子どもたちの未来へ向けて～

本書では、現在の教育の問題点を踏まえ、プログラミングを教育に取り入れることで４つの要素を鍛え、「エラーする力」を身につけた子どもを育てる方法について説明してきました。

私自身、大学時代にプログラミングを学んでいましたが、その後は大学院で政治の勉強をしながら中学受験の講師として働いてきました。

そのため、プログラミングに携わることは久しくありませんでした。

それが、今はプログラミングを子どもたちに教える仕事をしています。

プログラミングを教えようと思ったのはある偶然からでした。

私は中学受験の講師として長く働いてきたのですが、国語が苦手な子、算数が苦手な子を多く見てきました。

自分の中ではそうした子どもたちにも、役に立つようにと様々な手段を使って教えてきました。

おかげ様で子どもたちがとても頑張ってくれたので、成績が伸びて合格する子も多く出ました。

その一方で、「もっと子どもたちの能力を伸ばすことができる手段はないのだろうか」と常に模索していました。

紙の上で勉強していると、国語が苦手な子は文字を書きたがりません。

算数が苦手な子はフリーズします。

「できなくてもいいから手を動かしてほしい」「間違っても良いから挑戦してほしい」と考えていたところ、プログラミング教育というものがあることを知ったのです。


プログラミングは、一度で完璧にできるということがありません。

いつも何らかの間違いが見つかります。

ということは、その間違いを見つけて、修正していくことができるのです。

また、答えもひとつではありません。それぞれの子どもが同じ課題を違ったプログラミングで表現していきます。

さらに、私たちの使っているスクラッチというビジュアルプログラミング言語はブロックを組み合わせる形ですから、とにかく何か組み合わせてみようと挑戦する子が多いのです。

こうした紙の上では取り組むことができない教育をやってみたいと考えて、教室を始めました。

こうして開始されたプログラミング教室ですが、常により良い教え方を考えながら日々運営しています。

このように運営してきたプログラミング教室での気づきと、これまでの中学受験の講師生活での気づきをまとめたのが本書です。

プログラミングは、これまでできなかった教育を実現できます。

特に、「エラーする力」を鍛えるのに必要な4つの力を身につけるためには最適です。なぜなら、プログラミングは最初から正解することはないので、常に失敗から学ぶことが必須だからです。

とはいっても、プログラミング教育は万能ではなく、またこれまでの教育が間違っていたわけでもありません。

注意しなければならないのは、従来の勉強もプログラミングの勉強も努力しなければいけないということです。

生活はどんどん便利になり、人間の能力が上がったように見えても、実際には能力そのものに変わりはありません。

便利な道具を、ただ使っているだけでは駄目です。

音声で何でもすぐ検索できる時代ですが、検索ひとつとっても能力差が出ます。

私は技術の進化は人間の能力を上げるわけではないという前提で、しっかりと子どもたちの能力を高める教育をしていこうと考えています。

そのために、**従来の勉強とプログラミング教育を上手に組み合わせることで、子どもたちが将来、ＡＩに使われることがないようになってほしいと思っています。**

これから、ますますプログラミング教育は盛んになってくるでしょう。

そうした中で、ひとりでも多くの子どもたちがプログラミングに触れて、「エラーする力」を身につけた上で、今後の人生を歩んでほしいと思います。

最後にこの本の出版のために尽力していただきましたおせっかいサロンの渡辺千春氏、株式会社システムタンクの安田浩也氏、また、私の拙い文章の編集に付き合っていただいたＯＣＨＩ企画の越智秀樹氏、実績のない私の本の出版を決定してくださった自由国民社の竹内尚志氏に改めて感謝いたします。

福井 俊保（ふくい・としやす）プログラミング教室スモールトレイン代表
1976年生まれ。横浜市立大学大学院博士後期課程単位取得退学。
大学は理系に進学し数学を学んでいたが、大学院では文系に進学し国際政治の勉強をする。
大学院で研究する傍ら中学受験塾で4教科を約15年間教える。
3年前に、子どもたちに考える習慣を身につけてほしいと思い、
プログラミング教室スモールトレインを開校、現在に至る。

Special Thanks to:
編集協力
越智 秀樹
越智 美保
（OCHI企画）

エラーする力《ちから》

AI時代に幸せになる子のすごいプログラミング教育

二〇一九年（令和元年）十一月五日　初版第一刷発行

著　者　福井 俊保

発行者　伊藤 滋
発行所　株式会社自由国民社
東京都豊島区高田三―一〇―一一　〒一七一―〇〇三三
電話〇三―六二三三―〇七八一（代表）
造　本　JK
印刷所　新灯印刷株式会社
製本所　新風製本株式会社